HISTORIA DE ESPAÑA

JOSE MANUEL ROLDAN

HISTORIA DE ESPAÑA

Colección «Temas de Cultura Española»

EDI - 6, S. A.
General Oráa, 32
MADRID - 6

Colección «Temas de Cultura Española»
Dirigida por R. Fente y J. M. Roldán

ISBN 84-85786-64-5

Depósito legal: M. 35497-1983

Impreso en España - Printed in Spain

Selecciones Gráficas - Carretera de Irún, km. 11,500 - Madrid (1984)

PROLOGO

El presente volumen supone el comienzo de una nueva serie de publicaciones, cuyos temas desarrollan diversos aspectos de la civilización hispánica. El título elegido para denominarla es el de «Temas de Cultura Española» (TCE).

Desde hace ya bastantes años se venía sintiendo la necesidad urgente de lanzar al mercado del estudio del español para extranjeros unos volúmenes que, en forma extractada y de relativa fácil lectura, pudieran servir de referencia cultural al aprendizaje básico de la lengua y literatura hispánicas. Estas series de temas culturales existen ya en otros países —Inglaterra, Francia, Alemania...— y la experiencia ha demostrado que constituyen un valioso complemento a los textos básicos de enseñanza del idioma, que, al tiempo que enriquecen el vocabulario, introducen al lector en el mundo cultural de la lengua objeto de aprendizaje. Al tratarse del español, lengua tan significativa y con unas aportaciones, dilatadas en el tiempo, de tan gran trascendencia para la evolución cultural del mundo occidental, la necesidad y urgencia de tal serie era doblemente sentida, a tenor de las continuas peticiones de colegas, para disponer de elementos auxiliares en sus clases.

Por ello me complace extraordinariamente que la Editorial Edi-6 haya puesto a mi disposición toda clase de facilidades para hacer posible el lanzamiento de esta nueva serie que espero sea fecunda.

Las características fundamentales de estos «Temas de Cultura Española» son dos fundamentalmente:

a) Desde el punto de vista lingüístico, se ha procurado que, en todos los volúmenes, el registro y nivel de lengua presentados correspondan a lo que tradicionalmente se denomina nivel intermedio, que oscila entre 2.000 y 4.000 palabras. Se lleva a cabo un comentario específico a pie de página de algunos de los términos más significativos que aparecen en el texto. Se observará que muchos de estos comentarios no se refieren a palabras técnicas o específicas del tema tratado, sino que alternan con otros términos corrientes que, incluidos dentro del contexto, pueden variar su significado básico o tienen acepciones especiales que merece la pena destacar. Se ha procurado que, en ningún caso, las palabras comentadas excedan de un número limitado para no recargar en exceso la lectura. La sintaxis se ha simplificado considerablemente para evitar la subordinación excesiva y las construcciones dependientes que pudiesen entorpecer o hacer más difícil la comprensión del texto. Al final de cada volumen se incluye un glosario de los términos difíciles con referencia a la página correspondiente.

b) Desde el punto de vista del contenido, el propósito fundamental es el de presentar síntesis básicas globalizadoras de los diversos temas incluidos en la colección. No se trata tanto de ser originales como de presentar con claridad y brevedad los conceptos elementales propios de toda la comunidad hispánica, pero, en algunos casos, poco conocidos para hablantes de otras lenguas. El término «cultura» se utiliza en el más amplio sentido de la palabra y engloba campos de civilización española en el curso de la Historia, pero también costumbres y peculiaridades que afectan y definen lo español. Así, tienen cabida, al lado de temas de historia, artes plásticas o literatura, otros de folklore, paisajes y rasgos propios del carácter hispánico en sus variadas manifestaciones regionales.

Este primer volumen pretende ser fiel reflejo de las características apuntadas arriba. Se ha hecho un esfuerzo considerable por condensar en unas decenas de páginas el devenir histórico de España desde sus orígenes a la actualidad, haciendo hincapié no sólo en el desarrollo político, sino en los aspectos económicos, sociales y culturales de las distintas épocas de la Historia de España.

Esperamos que la serie que abre el presente volumen sirva de ayuda a quienes, interesados por la lengua española, experimentan también la necesidad de comprender el ser de la cultura a la que esta lengua sirve de vehículo de expresión. Quedamos a la espera de cuantas críticas y observaciones puedan contribuir a enriquecer o mejorar la serie y la hagan útil al lector interesado.

J. M. ROLDÁN

INDICE

1. Las raíces de España

El Paleolítico

El hombre habita la península ibérica desde hace medio millón de años. Los primeros pobladores eran nómadas y se adaptaban a la naturaleza en su forma de vida. Obtenían alimentos por medio de la caza, la pesca y la recolección de frutos silvestres. Vivían en cuevas y abrigos* naturales y fabricaban utensilios diversos con piedras, cuyas formas modificaban al golpearlas. Este período histórico se llama **Paleolítico.**

Las dos áreas de la península más habitadas en esta época fueron la cordillera* cantábrica, en el norte, y la región levantina. En ellas se encuentran las manifestaciones más interesantes y bellas de la existencia del hombre paleolítico: **el arte rupestre.**

En el interior de cuevas como la de ALTAMIRA, EL CASTILLO, LA PASIEGA (Santander) y EL PINDAL (Asturias), el hombre pintó figuras de los animales que cazaba: caballos, cabras, ciervos, bisontes..., con un realismo y perfección sorprendentes. Los principales ejemplos se fechan alrededor del año 15000 a. de C. *.

abrigos: lugares protegidos de la lluvia y el viento.
cordillera: conjunto de montañas unidas entre sí.
a. de C.: antes de Cristo.

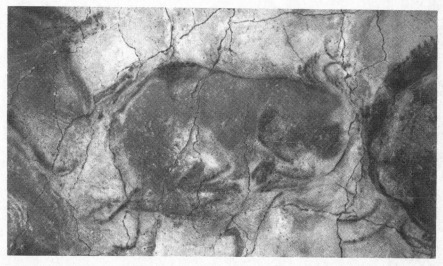

Bisonte de la cueva de Altamira (Santander). Arte paleolítico.

A fines del Paleolítico conocemos también **pinturas muy interesantes** con características diferentes de las anteriores. Sólo aparecen **en Levante** y nunca en el interior oscuro de las cuevas, sino en abrigos y refugios iluminados por la luz natural. La figura humana tiene un papel muy importante, representada muy estilizada y con poca policromía, en escenas animadas de la vida diaria, caza, guerra y danza.

El Neolítico y la Edad del Bronce

Con el tiempo, el hombre paleolítico, cazador y nómada, se convierte en productor de alimentos, en agricultor y pastor. Es la **época neolítica,** cuyas innovaciones son tan importantes que justifican el término de **revolución** que se da al período. El hombre neolítico vive ya en un lugar fijo, posee un ajuar* doméstico y se organiza socialmente.

Vaso campaniforme.

A comienzos del III milenio a. de C. la península ibérica recibe nuevos pobladores. La **riqueza en metales** del país, especialmente el estaño del noroeste, necesario para la obtención del bronce, atrajo a **gentes de Oriente,** que extendieron su cultura superior. La manifestación cultural más importante de la **primera Edad del Bronce,** hacia la mitad del III milenio a. de C., es el llamado **megalitismo.** Son monumentos funerarios construidos con gigantescas losas de piedra, como las cámaras de EL ROMERAL y LA MENGA, en Antequera (Málaga), que servían de enterramiento colectivo. También conocemos sus poblados, con murallas y conducciones de agua y muchos instrumentos de la vida diaria: armas, cerámica, adornos personales e incluso «ídolos», probablemente representaciones esquemáticas de sus dioses. La provincia de Almería, en el sureste de la península, ha proporcionado el **yacimiento* arqueológico más importante** de esta cultura, el de LOS MILLARES, con un poblado fortificado con muros y fosos, enterramientos en sepulcros* colectivos, armas y objetos de cobre y cerámica, cuya forma más característica es el llamado **vaso campaniforme,** co-

ajuar: conjunto de utensilios del hogar.
yacimiento: lugar donde se encuentran restos arqueológicos.
sepulcros: lugar donde se entierra el cadáver de una persona.

10

nocido no sólo en la península, sino en gran parte de Europa, desde el Danubio a Gran Bretaña.

Esta cultura evoluciona en los siglos siguientes con el nombre de **cultura del Argar,** así llamada por su poblado mejor conocido, también en la provincia de Almería. Con la cultura del Argar, entre los siglos XVII y XII a. de C., se introduce el verdadero bronce, cerámicas más finas, mayor variedad de instrumentos y enterramientos individuales. Su economía era fundamentalmente ganadera, aunque también practicaban la agricultura en las riberas de los ríos.

La Edad del Hierro

Hacia el año 1000 a. de C. el mapa cultural de la península sufre una profunda transformación. Por primera vez aparecen claras **diferencias entre las diversas regiones peninsulares.** Los **dos focos fundamentales** son los valles de los ríos Guadiana y Guadalquivir, **en el sur,** y la Meseta*, **en el interior.** Sus características serán modificadas profundamente por una doble influencia: la presencia de pueblos colonizadores mediterráneos —fenicios y griegos— y la penetración continuada por el norte de gentes europeas. Los pueblos peninsulares adquieren bajo estas influencias la personalidad propia con la que entran en la Historia.

La colonización fenicia

Los **fenicios** de la costa oriental mediterránea fueron los **primeros colonizadores** que, en sus navegaciones comerciales, fundaron una ciudad en la península, GADIR, la actual Cádiz, según la tradición, en el año 1104 a. de C. Otras fundaciones fueron MALAKA (Málaga), ABDERA (Adra) y SEXI (Almuñécar). Desde ellas los fenicios influyeron sobre las poblaciones indígenas de la costa e interior de Andalucía, mezclándose en ocasiones en establecimientos mixtos. Organizadas como ciudades-estado, estas colonias tenían una economía fundamentalmente industrial, en la cual la navegación y el comercio ocupaban a la población. El **principal objeto de comercio eran los metales,** sobre todo la plata y también el cobre y el oro. Otra actividad de los fenicios fue la pesca e industrias derivadas, como el salazón* de pescado. Muchos restos de sus fábricas han aparecido a lo largo de la costa meridional de la península. También fue muy importante la industria textil y, sobre todo, el tinte* de tejidos con el famoso rojo púrpura que extraían de conchas* marinas.

Cuando los asirios conquistan la ciudad de Tiro, a comienzos del siglo VII a. de C., las factorías de occidente pasaron a depender de Cartago, colonia fundada por Tiro en la actual Túnez. **Bajo Cartago la colonización fenicia alcanzó un nuevo impulso.** Los cartagineses fundaron, en el año 654 a. de C., EBUSSOS, en la isla de Ibiza, y otros centros en las costas meridionales de la península.

La colonización púnica, es decir, fenicia y cartaginesa, influyó poderosamente en la religión, arte y cultura de la población indígena y, en especial, en el **uso de la escritura.**

Meseta: llanura elevada (unos 600 metros de altura media) del interior de la península ibérica, separada del mar por cordilleras montañosas que la rodean.
salazón: pescado conservado con sal.
tinte: acción de cambiar el color los tejidos.
conchas: cubierta dura de moluscos y otros animales marinos.

**1. COLONIZACIONES PUNICA Y GRIEGA.
PUEBLOS PRERROMANOS**

⭐ Colonias griegas
✳ Colonias púnicas

La colonización griega

Los **griegos** también colonizaron la península ibérica. Los **focenses fueron los principales colonizadores.** Fundaron factorías en el litoral sur de Francia y en la España mediterránea. De ellas hay que citar a MAINAKE (Málaga), HEMEROSKOPEION (Denia) y EMPORION (Ampurias), la mejor conocida. Los griegos comerciaron con los metales de España en competencia con los púnicos. Cuando Focea fue conquistada por los persas en 540 a. de C., los fenicios consiguieron impedir a los griegos el comercio con el sur de España. Pero las **factorías* del Levante español, bajo la dirección de Marsella,** tuvieron una larga vida. Su influencia fue grande para los pueblos indígenas de la costa levantina, especialmente en la cultura y, sobre todo, en el **arte.** Muchas esculturas ibéricas muestran esta influencia, como la DAMA DE ELCHE y la DAMA DE BAZA.

Tartessos

En relación con la colonización fenicia y griega aparece la primera realidad histórica indígena, el **reino de Tartessos.** Conocemos su existencia por textos griegos y por numerosos hallazgos* arqueológicos, aunque no sabemos dónde estaba su capital. El reino se extendía por la actual Andalucía y tenía su centro en la desembocadura* del río Guadalquivir. Los tartessios **prosperaron gracias al comercio de metales** con los pueblos colonizadores. El rey ARGANTONIO favoreció, en la segunda mitad del siglo VI a. de C., el comercio con los griegos focenses. Pero la decadencia griega también alcanzó al reino de Tartessos,

factorías: establecimientos comerciales.
hallazgos: descubrimientos de objetos arqueológicos.
desembocadura: lugar donde los ríos vierten sus aguas en el mar.

que desapareció hacia el 500 a. de C., seguramente destruido por los púnicos. Los tartessios tenían leyes escritas, eran buenos agricultores, conocían las técnicas del trabajo del metal y un urbanismo muy desarrollado, que heredaron los pueblos indígenas posteriores de Andalucía.

Los pueblos indígenas. Los iberos

En contacto con las colonizaciones mediterráneas, los pueblos indígenas de Andalucía y Levante desarrollaron una **cultura avanzada y homogénea llamada ibérica.** Los pueblos ibéricos o iberos se dividían en tribus. Vivían en ciudades fortificadas, independientes y, a veces, enemigas, dirigidas por un régulo*. Se dedicaban a la agricultura, ganadería y comercio. Eran belicosos y, en muchas ocasiones, combatieron como mercenarios de otros pueblos mediterráneos, como los griegos. Fabricaban una **cerámica** muy fina y variada, decorada con escenas de la vida diaria y de guerra o con motivos vegetales o animales. Su **escultura,** de influencia griega, alcanzó una gran perfección, así como la **industria metalúrgica** de oro, plata, hierro y bronce. Hacia 250 a. de C., también bajo influencia griega, desarrollaron la **economía monetaria.** Conocemos muchas monedas de ciudades ibéricas, que llegan hasta época romana.

Los pueblos celtas

En la época de las colonizaciones, a partir del 800 a. de C., emigran grupos humanos a la península ibérica procedentes de Europa central. Son las primeras **invasiones indoeuropeas,** que se extienden por Cataluña y Aragón. Las emigraciones continuaron en los siglos siguientes y ocuparon el norte de la península y la Meseta. Poco a poco estos pueblos se hicieron sedentarios, con una economía agrícola o ganadera. Conocieron la escritura, pero no la urbanización. Mezclados con los indígenas formaron distintos pueblos conocidos como **celtas.**

Formaban numerosas tribus, de economía pobre y muy belicosas. Sus poblados, llamados **castros,** estaban fortificados, pero no urbanizados. Llama la atención, entre sus manifestaciones artísticas, la magnífica **joyería*** con técnicas muy avanzadas.

Los pueblos celtíberos

En el alto valle del río Duero, entre la España celta y los iberos, estaban los **celtíberos.** Estos pueblos, con ciudades como NUMANCIA (cerca de Soria), recibieron la influencia superior de los iberos. Conocían el urbanismo y fabricaban una **bella cerámica** con formas y decoración muy originales. Su economía, muy pobre, obligó a la población celtíbera a conservar sus **costumbres guerreras,** que utilizaban contra los pueblos vecinos para conseguir alimentos o que ponían al servicio de otros estados, como **soldados mercenarios.**

Roma, desde finales del siglo III a. de C., impondrá su poder sobre este mosaico* de pueblos y culturas.

régulo: reyezuelo, jefe de una tribu, poblado o pequeño estado.
joyería: conjunto de joyas, objetos de adorno personal hechos con metales preciosos.
mosaico: mezcla, variedad.

2. Hispania romana

Por primera vez, con la dominación romana, la península ibérica alcanza la unidad geopolítica, como parte del imperio de Roma.

Roma y Cartago en la península ibérica

Esta **dominación es consecuencia de la larga rivalidad entre Roma y Cartago.** Después de la primera guerra púnica (264-241 a. de C.), Cartago perdió su influencia en Sicilia, Córcega y Cerdeña. Para compensar estas pérdidas, el **gobierno cartaginés** decidió extender su **imperio en la península ibérica.** La familia de los Barca conquistó Andalucía y Levante, impulsó* la explotación económica —agricultura, pesca y minería— y fundó nuevas ciudades, como CARTAGO NOVA (Cartagena), un magnífico puerto natural. La extensión de este dominio en España llamó la atención de los romanos, temerosos del nuevo poder púnico. Cuando ANÍBAL BARCA atacó la ciudad hispana de SAGUNTO, aliada de los romanos, éstos declararon la guerra a Cartago, **la segunda guerra púnica** (218-202 a. de C.).

Un ejército romano desembarcó en Ampurias en 218. El gobierno romano intentaba quitar a los púnicos la península, su principal base de recursos económicos y humanos. Después de la conquista de Cartago Nova por PUBLIO CORNELIO ESCIPIÓN y de algunas batallas, los **cartagineses fueron expulsados de la península en 206.** Poco después, el mismo Escipión vencía a Aníbal en ZAMA y terminaba la guerra con la victoria de Roma.

La conquista de la península por Roma

El estado romano ocupó los territorios conquistados a Cartago en la península. Estos territorios se extendían por Levante y Andalucía. Roma decidió incorporarlos a su imperio con la **creación de dos provincias,** la HISPANIA CITERIOR, en el este, y la HISPANIA ULTERIOR, en el sur. Cuando los **indígenas** comprendieron las intenciones romanas de dominación permanente iniciaron la **resistencia,** que, después de dos siglos de guerras, terminó el año 19 a. de C. con el completo sometimiento* de la península.

Las **causas de la resistencia y de su larga duración** fueron muchas y variadas: incapacidad y falta de escrúpulos de los gobernadores; sistemas despiadados de explotación económica; la difícil orografía* del territorio peninsular, que dificultaba el movimiento de las tropas* romanas; la división política

impulsó: favoreció.
sometimiento: dominación.
orografía: sistema de montañas.
tropas: ejército.

2. HISPANIA ROMANA

División administrativa, principales
ciudades y vías de comunicación

indígena en multitud de tribus independientes, que obligaban a una conquista lenta y dura.

Hasta la mitad del siglo II los romanos conquistaron Levante y Andalucía, donde habitaban los **pueblos ibéricos**. Entre 154 y 133 a. de C. tuvo lugar el sometimiento de las tribus más belicosas del interior, **los celtíberos y los lusitanos.** La última fase de la conquista fue dirigida por el emperador Augusto contra las **tribus independientes del norte** de la península. Después de terminar la guerra, en 19 a. de C., **Augusto** hizo una **nueva organización territorial de la península:** dividió la Hispania Ulterior en dos provincias, la BÉTICA, en el sur, y LUSITANIA, en el oeste. La Citerior permaneció con el nombre de TARRACONENSE. Esta división provincial no varió durante los dos primeros siglos del imperio.

La romanización

Paralelamente a la conquista tiene lugar la **romanización de la península,** es decir, su integración en el sistema político, social, económico, cultural e ideológico romano. Muchos **agentes y causas** contribuyeron a la romanización, aunque ésta no fue homogénea en todo el territorio peninsular. Como es lógico, fue más rápida y profunda en las regiones con mayor cultura, como la Bética, Levante y valle del río Ebro, y menos intensa en las zonas más atrasadas del interior y del norte, que conservaron en gran parte sus estructuras tradicionales hasta el final de la dominación romana.

15

Las ciudades

Entre los medios de romanización hemos de citar, en primer lugar, la **organización política, administrativa y judicial**. El centro de la administración era **la ciudad**. Bajo la dominación romana se cumplió el **proceso de urbanización de la península**, gracias a la fundación de nuevas ciudades y a la transformación urbana de los lugares de asentamiento indígenas. Muchas ciudades españolas tienen así un origen romano, como Barcelona (BARCINO), Tarragona (TARRACO), Zaragoza (CAESARAUGUSTA), Sevilla (HISPALIS), Mérida (EMERITA AUGUSTA), León (LEGIO) o Astorga (ASTURICA AUGUSTA).

La **ciudad** era el **centro religioso, cultural, administrativo y comercial** y polo* de atracción y de civilización para la población rústica que vivía en los alrededores. Los propios ciudadanos eran los administradores de su ciudad, con instituciones importadas de Roma. Bajo la paz romana estas ciudades prosperaron y se enriquecieron con el tráfico de productos agrícolas y artesanos. Sus recintos* se urbanizaron según modelos romanos y se embellecieron con **monumentos** y obras públicas, como templos, teatros, anfiteatros y circos, arcos de triunfo, termas, puentes y acueductos, muchos de los cuales se conservan todavía.

El ejército

Otro agente de romanización fue el **ejército**. Las tropas de ocupación extendieron las ideas y costumbres romanas. Muchos soldados se unían con mujeres indígenas y después de su licenciamiento* permanecían en Hispania como agricultores o comerciantes. También los **indígenas reclutados para las tropas auxiliares** del ejército romano se convertían, al regresar a sus hogares, en **agentes de romanización**. El ejército, por otra parte, cumplió un papel importante en la romanización al participar en la **construcción de la red viaria***, que ponía en comunicación los centros urbanos de la península.

La colonización romana

La **colonización itálica y romana** contribuyó poderosamente a la transformación de las estructuras indígenas. Su influencia fue muy fuerte en los valles del Ebro y del Guadalquivir, donde fueron creadas las principales **colonias de ciudadanos romanos** para acoger a los licenciados del ejército o a población civil pobre procedente de Italia, a los que el gobierno romano proporcionaba una parcela* de tierra de cultivo.

El derecho de ciudadanía romana

Finalmente, un medio de romanización fue la **concesión del derecho de ciudadanía romana a los indígenas**. Este derecho era dado individualmente o de forma colectiva a todos los habitantes libres de una ciudad indígena. Las

polo: centro, lugar principal.
recintos: espacio interior, extensión.
licenciamiento: terminación del servicio militar.
red viaria: conjunto de caminos.
parcelas: superficies de terreno.

Publio Cornelio Escipión.   *Relieve de un guerrero ibérico.*

ciudades provistas de este derecho se convertían en **municipios,** con una administración semejante a la de Roma. Aunque no todas las ciudades hispanas se convirtieron en municipios, el sistema de **administración municipal** fue imitado por la mayor parte de ellas.

Consecuencias de la romanización

A finales del siglo I d. de C. y gracias a estos medios, **las provincias de Hispania se habían romanizado profundamente:** el latín había sustituido a las lenguas indígenas; se adoptó el sistema social romano, basado en la familia patriarcal, y se extendió el sistema económico apoyado en el trabajo de los esclavos y en el uso de la moneda.

Hispania aceptó también las distintas manifestaciones de la **cultura romana,** enseñanza, literatura y artes plásticas*. El filósofo SÉNECA, los poetas LUCANO y MARCIAL y el retórico QUINTILIANO nacieron en Hispania, lo mismo que los emperadores TRAJANO y ADRIANO. Conservamos muchas **obras de arte de época romana,** esculturas, pinturas, mosaicos*, vidrios, bronces y cerámicas, repartidas por los museos de España.

Religión indígena y romana

Las **religiones indígenas** se adaptaron a la romana y sus dioses fueron venerados bajo formas romanas. También se extendió el **culto oficial a Roma**

artes plásticas: pintura y escultura.
mosaicos: superficies decoradas con figuras formadas con piedrecitas de colores.

17

y al emperador. Pero, a pesar de todo, se conservaron con mucha fuerza los **cultos indígenas** durante el imperio. El **cristianismo** se extendió en Hispania como en el resto del imperio. Son falsas las tradiciones que atribuyen la evangelización de la península al apóstol Santiago. Seguramente el cristianismo fue introducido, como las religiones orientales, por los soldados procedentes de Africa. En el siglo III ya existían numerosas **comunidades cristianas** y a comienzos del siglo IV se celebró un importante **concilio** en ILIBERIS (Granada).

La economía de Hispania

Hispania fue una importante **fuente de explotación** para los romanos. La **producción agrícola y ganadera** fue básica en la economía. Los romanos introdujeron técnicas que mejoraron esta producción. Los cereales, la vid* y el aceite fueron los cultivos principales. Rebaños de caballos, bueyes y ovejas dominaban en la ganadería. Pero, sin duda, el principal objeto de atención fueron las **minas hispanas.** El estado romano se apropió de los cotos* mineros y los explotó directamente. Muy importantes fueron las minas de oro en el noroeste, las de plata en Sierra Morena y Cartagena, las de cinabrio de Almadén y las de cobre de Huelva. Continuaron las **industrias derivadas de la pesca.** Un producto muy apreciado en la cocina romana fue el **garum,** salsa obtenida de las entrañas* de pescado. Hispania era el principal exportador del imperio.

La crisis del siglo III

La península sufrió, como las otras provincias del imperio, la **crisis del siglo III.** La economía esclavista perdió importancia. En su lugar se extendió el **sistema del colonato:** los campesinos libres renunciaron a parte de su libertad a cambio de la protección y medios de subsistencia que ofrecían los grandes propietarios de tierras. Estos concentraban extensas propiedades y las administraban desde sus villae*. También los emperadores se convirtieron en latifundistas* para afrontar los gastos del ejército y de la creciente burocracia imperial. En cambio, **las ciudades,** que habían sido la base principal de la administración, **se empobrecieron** y, en muchos casos, se despoblaron. El comercio perdió fuerza, la moneda se devaluó y las ciudades se fortificaron para resistir la **presión de los pueblos bárbaros** en las fronteras del imperio.

Estas tendencias se acentuaron en el siglo IV. Frente a la gran extensión de las propiedades de los emperadores, de la Iglesia y de algunos terratenientes, los **pequeños propietarios, arruinados,** se convirtieron en siervos*. La población de las ciudades tuvo que soportar la presión creciente de impuestos y contribuciones. No es extraño que esta población apenas ofreciera resistencia a los **pueblos germánicos,** que, desde comienzos del siglo V, **invaden la península** y ponen fin a la dominación romana.

vid: cultivos de uva y producción de vinos.
cotos: parcelas ricas en minerales.
entrañas: intestinos, interiores del cuerpo de un animal.
villae: casas de campo, generalmente lujosas, edificadas en las propiedades rústicas.
latifundistas: grandes propietarios de tierras.
siervos: personas privadas de libertad, obligadas a permanecer en las grandes propiedades como campesinos, al servicio del amo o señor.

En el año 409 varios **pueblos germánicos** invaden la península desde los Pirineos. Con estas invasiones comienza una **época muy oscura** que dura tres siglos, hasta la llegada de los musulmanes en 711. Conocemos muy mal la historia de este período, porque apenas existen documentos para estudiarla. Pero es muy importante porque significa la **transición de la Antigüedad a la Edad Media** y la creación de una unidad política nacional: **la España visigoda.**

3. LA HISPANIA VISIGODA

Principales sedes episcopales
Sede metropolitana
Posesiones bizantinas

Las invasiones germánicas

Durante el siglo V se produce la **descomposición del dominio romano** en la península. Sólo la Tarraconense continúa unida al imperio; el resto de Hispania sufre las **invasiones de pueblos germánicos** —suevos, vándalos y alanos— que, después de saquear* y destruir el país se establecieron en él. El gobierno

saquear: robar violentamente.

Iglesia de Santa María (Quintanilla de las Viñas, Burgos). Arte visigodo.

central romano, incapaz de hacer frente a estas invasiones, utilizó los servicios de otro pueblo germánico, **los visigodos.** Roma firmó un pacto con ellos para que liberasen Hispania de los invasores. Efectivamente, los visigodos expulsaron a vándalos y alanos y se retiraron luego de la península para **asentarse en la Galia,** con capital en Tolosa.

Los **suevos** permanecieron en el noroeste y aprovecharon el vacío de poder para **extenderse por otras regiones** de la península; paralelamente, la Tarraconense sufrió **robos y saqueos de los bagaudas,** campesinos que, sin recursos económicos, se dedicaban al bandidaje*. Los visigodos acabaron con esta situación caótica en 456 y aumentaron en los años siguientes su influencia en la península. Cuando los **francos derrotan a los visigodos en Vouillé** (507), éstos deciden trasladarse a Hispania.

El reino visigodo de España

El **reino visigodo** duró dos siglos, pero, a excepción de un breve período de tiempo, nunca logró dominar toda la península. Las dificultades exteriores se complicaban todavía con la debilidad interna de la monarquía. Esta era

bandidaje: saqueo, robo.

20

electiva. La sucesión al trono producía sangrientas luchas entre los nobles, que, en ocasiones, solicitaron la ayuda de otros estados.

Durante la mayor parte del siglo VI el reino visigodo sólo dominó la Meseta y Levante, con capital en Barcelona y luego en Toledo. En el noroeste y Portugal continuaban los suevos, y los pueblos del norte de la península consiguieron la independencia. Además, durante casi un siglo (554-626), el **imperio bizantino extendió su poder a gran parte de Andalucía.** Por otra parte era muy difícil el entendimiento entre los invasores visigodos —menos de 200.000— y la **población hispanorromana,** de tres a cuatro millones de habitantes. Los visigodos tenían el poder militar y la mayoría de las tierras; las leyes, diferentes para visigodos e hispanorromanos, daban mayores privilegios a aquéllos. Además, la **población hispanorromana era católica,** mientras los **visigodos** seguían la **herejía arriana*.**

Principales reyes visigodos

En el último tercio del siglo VI, algunos reyes intentaron la **organización del territorio y la fusión de los dos pueblos** que convivían en la península. El principal fue LEOVIGILDO (573-586). Venció a suevos, bizantinos y pueblos del norte, pero no logró la unificación religiosa. Su propio hijo HERMENEGILDO, católico, dirigió un movimiento de sublevación de los hispanorromanos en la Bética. Hermenegildo fue capturado y ejecutado. Otro hijo de Leovigildo, RECAREDO, le sucedió en el trono. Bajo la influencia de LEANDRO, arzobispo de Sevilla, consiguió la **unidad religiosa** al convertirse al catolicismo con su corte (587). Dos años después, el **III concilio de Toledo** proclamó el **catolicismo como religión oficial.** La Iglesia tuvo desde entonces mucha influencia en la sociedad.

En el siglo VII se consiguió la **unidad territorial** después de la **expulsión de los bizantinos.** También se logró una mayor **aproximación entre visigodos e hispanorromanos.** En 654, RECESVINTO **unificó la legislación** para todo el territorio peninsular.

La caída del reino visigodo

La monarquía visigoda fue siempre débil y se consumió* en **luchas dinásticas.** Las potencias extranjeras —bizantinos, suevos y francos— intervenían en estas luchas para apoyar a los rebeldes.

En los últimos años del reino fueron constantes las **guerras civiles.** El débil poder de la monarquía no podía dominar a los nobles, que se rebelaban continuamente. Cuando murió el rey WITIZA (710), los nobles formaron dos bandos, uno a favor de la familia de Witiza y otro seguidor de RODRIGO. Cuando Rodrigo fue finalmente elegido rey, **los hijos de Witiza pidieron la ayuda de los musulmanes del norte de Africa,** que vencieron a Rodrigo en la batalla de GUADALETE, avanzaron hacia el norte y **conquistaron la capital del reino, Toledo.** Así terminó, en 711, el reino visigodo.

---

herejía arriana: doctrina predicada por el obispo Arrio, contraria en algunos puntos
  a la religión católica.
se consumió: se debilitó, se destruyó.

Sociedad y economía visigodas

Las tendencias económicas del Bajo Imperio romano continuaron en época visigoda. La **agricultura y la ganadería** eran los medios principales de vida. En cambio, perdieron importancia el comercio y la artesanía. Fue una **época de recesión***, caracterizada por una economía autárquica*. La cultura urbana desapareció y fue suplantada por una **sociedad rural.**

Esta sociedad estaba caracterizada por la **desigualdad.** Los **nobles,** poco numerosos, eran los dueños de la mayor parte de las tierras, la fuente principal de riqueza. Tenían todo el poder y, a veces, se atrevían a enfrentarse al rey. Frente a los nobles estaba el **pueblo libre,** urbano y rústico, sometido a grandes impuestos y obligaciones. Los hombres libres del campo buscaron la **protección de los poderosos.** A cambio de protección jurídica y seguridad económica, ofrecían sus servicios a los poderosos: trabajaban los campos del noble y le servían como soldados. Con estas relaciones el estado se debilitaba, mientras **crecía el poder de los nobles.** Eran los comienzos de la **sociedad feudal,** característica de la Edad Media.

Por debajo de los hombres libres estaban los **siervos,** que tenían varias categorías. La mayor parte eran siervos rústicos, que trabajaban las tierras de sus amos en condiciones míseras. También existían en la sociedad visigoda **minorías étnicas,** como los **judíos.** Se dedicaban al comercio y a la artesanía y fueron perseguidos por las leyes.

Las instituciones. El papel de la Iglesia

Las **instituciones visigodas** fueron una mezcla de la tradición romana y de las novedades germánicas. La más importante era la **monarquía,** que se enfrentó a graves problemas externos e internos. La **Iglesia** tuvo también un papel determinante, sobre todo después que el catolicismo fue declarado religión oficial. Los obispos colaboraron en la dirección del reino y en la solución de los problemas políticos y religiosos. Esta colaboración tuvo su manifestación principal en los **concilios de Toledo,** institución que reguló la vida política y religiosa del reino. Pero ni la monarquía ni los concilios pudieron frenar* la descomposición de la sociedad, atacada por el particularismo y la ambición de los nobles godos e hispanorromanos, que sólo querían aumentar su riqueza y sus privilegios.

La cultura. Isidoro de Sevilla

Pero la **Iglesia** cumplió también una **labor cultural** esencial. Durante las invasiones los monjes conservaron la tradición romana y la impusieron a los godos. La inseguridad y la miseria limitaban la extensión de la cultura. La **literatura** se orientó sobre todo a la **enseñanza religiosa.** Los **monasterios y las iglesias** fueron los principales **centros de cultura.** Destaca la figura de ISIDORO, obispo de Sevilla, autor de las *Etimologías,* resumen del legado cultural de la Antigüedad pagana y cristiana.

recesión: estancamiento, retraso.
autárquica: que se abastece con sus propios medios.
frenar: detener, parar, retrasar.

22

El arte

Las **creaciones artísticas** de época visigoda fueron también muy pobres y continuaron la **tradición romana y bizantina.** Sólo conocemos algunos ejemplos de **arquitectura religiosa.** Son iglesias que utilizan elementos arquitectónicos muy simples y decoración geométrica, como SAN JUAN DE BAÑOS (Palencia), SAN PEDRO DE LA NAVE (Zamora) o SANTA COMBA DE BANDE (Orense). Hay que destacar la utilización en estos edificios del llamado **arco de herradura.**

Son interesantes las **artes suntuarias*,** destinadas a la aristocracia para adorno y uso personal, como armas, broches, hebillas* y joyas. Destaca el **tesoro votivo*** de GUARRAZAR (Toledo), con magníficas coronas de oro y piedras preciosas, excelente ejemplo de esta **orfebrería*** visigoda, bárbara y ostentosa.

artes suntuarias: fabricación de objetos de lujo.
hebillas: pieza de metal que sujeta el cinturón.
tesoro votivo: conjunto de piezas de metales preciosos (coronas, vasos...) ofrecidos como regalo a la Iglesia.
orfebrería: arte que utiliza como materiales piedras y metales preciosos.

4. Al Andalus

El proceso de expansión de la Cristiandad latina europea se interrumpe en España con la **invasión árabe.** Este hecho define la Historia de España durante la Edad Media. Desde el siglo VIII hasta finales del XV existen en la península **dos comunidades distintas,** que conviven y luchan hasta el triunfo final de una de ellas, la cristiana. Las profundas diferencias de ambas comunidades, aunque están íntimamente relacionadas, aconsejan exponerlas por separado. Analizaremos en primer lugar la **España árabe,** AL ANDALUS.

La invasión musulmana*

La conquista de España es una fase más de la **expansión árabe,** iniciada con la ocupación de Egipto, en 640. Después de la conquista de Marruecos, la península ibérica parecía un objetivo atractivo. La **petición de auxilio de los witizanos** ofreció el **pretexto para la invasión.** TARIQ, lugarteniente del *walí* (gobernador) de Marruecos, Musà, derrotó en 711 al ejército visigodo en GUADALETE. El propio MUSÀ dirigió luego la conquista. Después de cinco años, gran parte de la península ibérica fue controlada por los musulmanes. Sólo resistieron los pueblos cantábricos, que tampoco habían sido dominados por los visigodos. Muchos nobles godos se refugieron en su territorio e hicieron frente* a los árabes. La **rapidez de la conquista** se explica por la **falta de resistencia de la población** y por la **descomposición del estado visigodo.** La población aceptó a los musulmanes y firmó pactos* con ellos para conservar sus tierras.

Al Andalus, emirato dependiente de Damasco

La expansión hacia el norte quedó frenada por la **resistencia cantábrica** y por la victoria de los francos sobre los musulmanes en POITIERS (732). Los **territorios conquistados** en la península, AL ANDALUS, se organizaron como una **provincia** *(emirato),* **dependiente del califato omeya de Damasco,** con capital en CÓRDOBA.

Pronto comenzaron las dificultades. Los conquistadores, faltos de organización, estaban divididos por **grandes diferencias étnicas y odios tribales.** La **aristocracia árabe** despreciaba a los **bereberes** norteafricanos, mayores en número, en total, unos 200.000. Cuando se repartieron las tierras de cultivo, los bereberes recibieron las más pobres. Este hecho ocasionó una gran rebelión, sofocada* con el envío de tropas sirias desde Damasco.

---

musulmán: mahometano; que practica la religión predicada por Mahoma.
hicieron frente: se enfrentaron, se opusieron.
pactos: tratados, acuerdos.
sofocada: dominada, reprimida.

El emirato independiente

Poco después, en 750, fueron destronados los Omeya de Damasco. Un príncipe omeya, ABD AL RAHMAN, escapó y consiguió llegar a España en 756. Inteligente y enérgico, Abd al Rahman consiguió el poder. Organizó **Al Andalus** como **emirato independiente** del nuevo Califa de Bagdad, acabó las luchas civiles, aumentó las rentas del estado y creó un ejército fuerte y una administración centralizada en Córdoba.

El emirato independiente se extiende hasta 912. Durante su siglo y medio de existencia, los emires sucesores de Abd al Rahman tuvieron que hacer frente a distintos **problemas.**

En el exterior, los **grupos cristianos del norte** se desarrollaron como estados y, desde las montañas cantábricas y pirenaicas, **comenzaron a extenderse hacia el sur.** También los **francos** de CARLOMAGNO hicieron incursiones en territorio musulmán.

Pero eran aún más graves los **problemas internos,** ocasionados por las luchas y **discordias* de los distintos elementos étnicos y religiosos** que formaban la población de Al Andalus. Por una parte, existían dos sociedades yuxtapuestas y diferenciadas: la sociedad árabe-bereber y la sociedad indígena hispanogoda. La primera mantenía sus tradicionales discordias y odios de raza; los indígenas, por su parte, constituían dos grupos: unos, los *muladíes,* convertidos a la religión musulmana, eran marginados por los conquistadores y despreciados por sus hermanos de raza cristianos, los *mozárabes.*

Las rebeliones de mozárabes y muladíes. Descomposición del emirato

El gobierno musulmán respetó la religión y la organización tradicional de los **mozárabes,** pero eran discriminados y, sobre todo, sometidos a una enorme presión fiscal. Los pesados tributos ocasionaron **frecuentes levantamientos*.** Uno de ellos tuvo lugar en Córdoba a mediados del siglo X, como una **rebelión religiosa.** Los mozárabes cordobeses manifestaron públicamente su fe cristiana y atacaron la doctrina musulmana. El movimiento fue reprimido con dureza y **muchos cristianos fueron martirizados,** como EULOGIO.

También hubo **sublevaciones de muladíes** en varias ciudades, como Toledo, Mérida y Badajoz. La más grave tuvo lugar en los últimos años del emirato, en 880, acaudillada por UMAR IBN HAFSUN en la serranía* de Ronda.

A finales del siglo IX todo el territorio de Al Andalus estaba dividido en **señoríos* independientes** y el emir apenas controlaba la capital, Córdoba.

El califato de Córdoba

El año 912 **el nuevo emir,** ABD AL RAHMAN III, **acabó con esta caótica situación:** dominó los focos* rebeldes de Al Andalus, dirigió expediciones victoriosas contra los reinos cristianos del norte, organizó el estado con una

---

discordias: desacuerdos, oposición de opiniones.
levantamientos: rebeliones, revueltas.
serranía: región montañosa.
señoríos: territorios, dominios sometidos a un *señor,* que tiene poder en ellos.
focos: lugares de concentración, centros.

fuerte centralización y dio nuevos impulsos a la economía y a la cultura. Completó su obra en 929 al tomar el título de *Califa o Jefe de los Creyentes*. Con ello **rompió el último lazo*, el religioso, que unía Al Andalus con Bagdad.** Su reinado y el de su sucesor, AL HAKAM II (961-976), marcan el apogeo* del **califato omeya de Córdoba.** La capital se convirtió en una de las ciudades más bellas y cultas de Occidente. A ocho kilómetros de distancia se construyó la residencia del Califa, el espléndido palacio de MEDINA AZAHARA, cuyas ruinas son testigo* aún de su antigua belleza.

La **política exterior,** activa y victoriosa, afirmó el prestigio del estado omeya fuera de Al Andalus, aseguró las rutas comerciales y enriqueció el tesoro. Frecuentemente los estados cristianos del norte —Navarra, León y Castilla— solicitaron la ayuda o el arbitraje* del califa de Córdoba en sus discordias internas.

La **dictadura de** AL-MANSUR (977-1002) significó al mismo tiempo el **último período de esplendor y el comienzo de la crisis del califato.** Como ministro de HISAM II, hijo de Al-Hakam II, realizó una **profunda reforma militar** mediante la creación de un poderoso ejército de mercenarios bereberes y antiguos esclavos. Con este ejército, logró concentrar el poder y realizó numerosas **expediciones de castigo*** *(aceifas)* **contra los impotentes reinos cristianos.**

lazo: vínculo, obligación, elemento de unión.
apogeo: grado superior, momento culminante.
testigo: prueba, testimonio.
arbitraje: acción de juzgar como árbitro o persona neutral.
expediciones de castigo: saqueos y destrucciones en un país o territorio enemigo sin
    intención de conquista.

4. LA PENINSULA IBERICA A PRINCIPIOS DEL SIGLO X

Iglesia del Cristo de la Luz, antigua mezquita de Toledo. Arte califal.

Poco después de su muerte comenzó la **crisis política del estado cordobés:** el aumento de los gastos para pagar al ejército, la presión fiscal, los disturbios sociales y la indisciplina del ejército ocasionaron la ruina del califato en apenas treinta años. Después de la muerte de HISAM III (1031), **las provincias se organizaron como reinos independientes,** los llamados **reinos de Taifas.**

Los primeros reinos de Taifas

Durante el siglo XI estos reinos, de distinta extensión, poder y riqueza, desperdiciaron* sus fuerzas en defender su independencia frente a los demás. **Los más importantes fueron los reinos de** TOLEDO, BADAJOZ, ZARAGOZA, SEVILLA y GRANADA. Los reinos cristianos intervinieron en sus discordias y les obligaron a pagar tributo, las llamadas *parias.*

Los almorávides. Los segundos reinos de Taifas

Sin embargo, el continuo avance de los cristianos, que ocuparon Toledo en 1085, decidió al rey de Sevilla a pedir auxilio a un pueblo bereber de Marruecos, fanático y belicoso, **los almorávides.** En efecto, los almorávides **detuvieron el avance cristiano y unificaron Al Andalus** bajo su dominio purista e intransigente, **como una provincia de Marruecos.** Pero la cohesión política

desperdiciaron: malgastaron, derrocharon, desaprovecharon.

duró poco. Las dificultades económicas, los conflictos sociales y las persecuciones contra las comunidades judía y cristiana ocasionaron sublevaciones. En el año 1145 aparecen **nuevos reinos de Taifas,** con los mismos problemas que los anteriores.

Los almohades

De nuevo, otro pueblo árabe, **los almohades,** que habían suplantado* a sus enemigos, los almorávides, en el norte de Africa, **invadieron la península y reconstruyeron la unidad de Al Andalus, dependiente de Marruecos,** en 1170. También los almohades detuvieron la expansión de los reinos cristianos y vencieron al rey de Castilla en ALARCOS (1195).

El estado militar almohade favoreció el comercio. **Sevilla se convirtió en capital del mundo musulmán de Occidente.** Pero no consiguió el apoyo popular por su intolerancia religiosa. Los reinos cristianos de Castilla, Navarra y Aragón se unieron en una contraofensiva y consiguieron una **victoria decisiva en las** NAVAS DE TOLOSA (1212). Esta victoria abrió a los cristianos el valle del Guadalquivir y **precipitó* la caída almohade.**

suplantado: sustituido.
precipitó: ocasionó, favoreció con gran rapidez.

La Torre del Oro, de Sevilla. Arte almohade.

28

Los terceros reinos de Taifas. El reino de Granada

Por tercera vez, en 1224, Al Andalus se dividió en **reinos de Taifas** independientes que no pudieron resistir el **avance cristiano.** Las conquistas de Castilla y Aragón redujeron la España musulmana al reino de Granada. Como vasallo* de Castilla, la **dinastía nazarí de Granada** mantuvo todavía dos siglos y medio la existencia del reino, sin significación política, pero con una **gran importancia económica y alta cultura.** Finalmente, los REYES CATÓLICOS, en 1492, conquistaron Granada y pusieron fin a la España musulmana.

Economía de Al Andalus

No conocemos suficientemente las **estructuras sociales y económicas** de Al Andalus. La **agricultura** fue, como en época visigoda, la principal fuente de riqueza. Las técnicas experimentaron un gran adelanto* y se difundió el regadío*. Además de los cultivos mediterráneos (cereales, vid y olivo), tuvieron mucha importancia los cultivos de huerta*, la fruticultura y las plantas textiles, como lino y algodón. Los sirios introdujeron en el siglo VIII la **cría del gusano de seda*.** La industria de la seda floreció sobre todo en Granada.

Las ciudades

Pero en la sociedad musulmana el campo estaba subordinado a la ciudad. **La ciudad** era el **gran centro artesano, consumidor, núcleo económico y administrativo.** Su corazón era la *madina,* donde estaban los edificios administrativos y comerciales, y la mezquita*. La ciudad más importante fue Córdoba, con más de 200.000 habitantes en el siglo X. Tuvo mucha importancia el **comercio de larga distancia.** Al Andalus se convirtió en el centro de intercambio entre Oriente y Occidente. Algunas **industrias** tuvieron fama en todo el mundo, como la textil y de la seda, armas, cerámica, cuero*, cristal y orfebrería.

La sociedad

La sociedad de Al Andalus fue muy compleja. Entre los **invasores** los elementos más numerosos fueron los **árabes y bereberes,** agrupados en tribus. Luego se añadieron sirios y persas. Los *eslavos* eran esclavos de procedencia múltiple (francos, lombardos, germanos), que, como soldados mercenarios, tuvieron gran poder. Existían también numerosos **judíos,** comerciantes y artesanos, respetados hasta la dominación almorávide y almohade.

vasallo: estado subordinado, sometido.
adelanto: progreso, desarrollo.
regadío: tierras de cultivo provistas de agua.
huerta: terreno de cultivo de legumbres y árboles frutales, con abundante agua.
gusano de seda: larvas de mariposa que se encierran en capullos que constituyen la materia prima para la fabricación de la seda.
mezquita: lugar de culto musulmán.
cuero: piel de animales tratada para usarla como materia prima de distintas industrias de artesanía.

La **sociedad indígena** se distinguía por la religión: los **muladíes** aceptaron la religión musulmana; los **mozárabes** continuaron siendo cristianos. Todavía a comienzos del siglo X **las dos sociedades,** invasora e indígena, estaban **claramente diferenciadas,** con estructuras sociales diferentes, y la fusión fue muy lenta. Los invasores respetaron la religión y la organización de los mozárabes, pero les obligaron a pagar pesados tributos. Durante la dominación de los almorávides y almohades muchos mozárabes escaparon hacia los reinos cristianos y llevaron a ellos elementos culturales musulmanes y un arte muy original, el **arte mozárabe.**

La sociedad musulmana estaba dividida en clases. Las más elevadas eran las más cercanas al poder. En la cumbre* estaba la *jassa,* los parientes del monarca y los altos funcionarios. Los *notables* eran un grupo intermedio, formado por los grandes comerciantes y los intelectuales. El escalón* más bajo, la *amma* o clase trabajadora, estaba constituida por labradores, artesanos y pequeños comerciantes.

Cultura

La cultura de Al Andalus fue muy brillante. Los musulmanes españoles **transmitieron la ciencia oriental,** heredera de la griega y romana, al resto de Europa. El califato y los primeros reinos de Taifas (siglos IX-XI) fueron las épocas de mayor esplendor. La **enseñanza** estuvo muy difundida. Existían **escuelas primarias** y centros de enseñanza superior, las *madrazas* o **universidades.** Conocemos muchos **científicos musulmanes** que cultivaron las matemáticas, medicina, geografía, astronomía y ciencias naturales. Entre los **filósofos** sobresalieron el cordobés AVERROES (1126-1198), traductor y comentarista de Aristóteles, y el judío MAIMÓNIDES (1135-1204), autor de la «Guía de los desorientados». La **poesía** fue también muy apreciada, llena de riqueza y sensualidad.

Arte

El **arte de la España musulmana** mezcló tradiciones locales, romanas y visigodas, con formas orientales. Los **elementos arquitectónicos** principales fueron el arco de herradura, la columna y las techumbres* de madera o *artesonados.* Pero tienen más importancia los **elementos decorativos,** geométricos, vegetales y epigráficos*. Los resultados son muy originales y bellos. El arte está al servicio del poder. Sus principales manifestaciones son las **mezquitas** y los **palacios,** como la mezquita de Córdoba, la GIRALDA* de Sevilla, los palacios de MEDINA AZAHARA, de la ALJAFERÍA de Zaragoza y la ALHAMBRA de Granada.

cumbre: el punto más alto.
escalón: grado, categoría, nivel.
techumbres: cubierta superior de edificios y habitaciones.
epigráficos: decoración con palabras y frases en relieve.
Giralda: torre de la mezquita, desaparecida, de Sevilla, llamada así por la figura colocada en la parte superior.

5. Los primeros reinos cristianos (siglos VIII-X)

Los orígenes del reino cristiano de Asturias

Cuando en 711 los árabes invaden la península, muchos **nobles hispanogodos se refugian en las montañas del norte.** Allí vivían pueblos —astures, cántabros y vascones— que no habían sido sometidos por los visigodos. Conservaban sus costumbres y un régimen de vida primitivo. Defendidos por sus montañas, **resistieron las expediciones de castigo musulmanas,** como ocurrió en COVADONGA.

Los godos impusieron poco a poco su cultura a estos pueblos, los cristianizaron y crearon finalmente un **reino asturiano,** dirigido por ellos, con capital en CANGAS DE ONÍS. Uno de sus reyes, ALFONSO I (736-757), extendió el reino por toda la **región cantábrica,** desde Galicia en el occidente hasta la tierra de los vascones, al oriente. Pero cuando Abd-al-Rahman I se proclamó emir, los reyes asturianos pagaron tributo a Córdoba.

Alfonso II y el fortalecimiento del reino asturiano

ALFONSO II (791-842) aprovechó las rebeliones muladíes y la descomposición del emirato para afirmar las fronteras del pequeño reino. **Trasladó la capital a Oviedo,** más al sur, liberó del tributo al reino, lo organizó según el modelo visigodo y fomentó* la repoblación de Galicia y Vasconia. Alfonso II aumentó su autoridad y el prestigio del reino gracias al **descubrimiento del supuesto* sepulcro del apóstol Santiago,** en Galicia. La ciudad de SANTIAGO DE COMPOSTELA se convirtió en el segundo centro de peregrinación de la Cristiandad. Liberó a la Iglesia asturiana de la dependencia eclesiástica de Toledo y fortaleció la organización del reino con su apoyo. Incluso dirigió **expediciones guerreras** contra los musulmanes.

Expansión cristiana. El reino de León

Durante los primeros cien años de su historia el reino asturiano permaneció a la defensiva, aunque logró afirmarse. Aumentó considerablemente la población y se unificaron los distintos pueblos que lo formaban (gallegos, asturianos, cántabros y vascos) bajo una **organización de tradición visigoda.**

Los reyes asturianos aprovecharon las frecuentes revueltas de muladíes y mozárabes de Al Andalus para adelantar sus fronteras hacia el sur. ORDOÑO I (850-866) ocupó el valle del Duero y ALFONSO III (866-910) extendió el reino

fomentó: protegió, promovió, favoreció.
supuesto: no comprobado.

GALICIA　LEON　CASTILLA

PAMPLONA
ARAGON
RIBAGORZA
SOBRARBE　CONDADOS CATALANES

LERIDA

ZARAGOZA

TORTOSA

ALBARRACIN

TOLEDO

ALPUENTE

VALENCIA

MERIDA

DENIA

CORDOBA　MURCIA

MERTOLA
NIEBLA　CARMONA
GRANADA
SILVES
SEVILLA　MORON　ALMERIA
SANTA MARIA
RONDA　MALAGA
ARCOS
ALGECIRAS

Reinos Cristianos

Taifas musulmanes

Zonas desérticas despobladas

5. LA PENINSULA IBERICA A COMIENZOS DEL SIGLO XI

Urna con los supuestos restos del Apóstol Santiago, en Santiago de Compostela.

hasta el norte de Portugal, con la conquista de Oporto y Coimbra. LEÓN fue la nueva capital del **reino astur-leonés.**

La repoblación cristiana. Los orígenes de Castilla

Tan importante como la conquista era la **repoblación de las nuevas tierras ocupadas.** Los monarcas leoneses entregaron extensos territorios a la nobleza y a los monasterios. Estas propiedades fueron cultivadas por colonos* y siervos, con un régimen semejante al de época visigoda. **Los nobles y los monasterios eran los propietarios de la tierra;** los agricultores estaban sometidos a su poder por una estricta organización jerárquica.

Pero en la **frontera oriental** del reino, peligrosa, escasamente poblada y llana, la repoblación encontraba serias dificultades. Los agricultores tenían que defender continuamente las tierras de cultivo de los ataques musulmanes. Estas circunstancias dieron una **personalidad diferente al territorio,** llamado CASTILLA. La **repoblación de Castilla** no fue encomendada* a los nobles y a los monasterios, sino a **hombres libres.** Estos campesinos, de forma individual, ocupaban las tierras para ponerlas en explotación. La vieja nobleza hispanogoda y los mozárabes huidos de Al Andalus no deseaban estas tierras pobres y peligrosas. Los repobladores fueron, sobre todo, cántabros y vascos, poco adaptados al sistema visigodo. Por ello, fue **mayor la libertad individual y la igualdad social en Castilla.**

Los castellanos se concentraron en **núcleos urbanos** grandes para defenderse mejor, como BURGOS. Desarrollaron una **lengua propia** y prefirieron utilizar una ley distinta a la leonesa, de tradición visigoda. Esta **ley** estaba basada en la interpretación de las costumbres ancestrales por **jueces* populares.**

Castilla y León en el siglo X

Las diferencias con la población astur-leonesa también se manifestaron en el terreno político. Los condes castellanos, desde sus fortalezas o *castillos,* desafiaban* la autoridad de los reyes leoneses. A mediados del siglo X, uno de ellos, FERNÁN GONZÁLEZ, **unió los condados de Castilla** y aprovechó la debilidad de la monarquía leonesa para **afirmar su independencia,** ampliar el territorio y hacerlo hereditario.

El reino de León, tras la muerte de Alfonso III (910), se debilitó por las guerras civiles. El robustecimiento* de Al Andalus en el siglo X bajo el califato omeya acentuó todavía más esta debilidad. El reino leonés inició su decadencia, sometido a las influencias de los otros reinos cristianos y a la tutela* de Córdoba. A comienzos del siglo XI **Castilla** fue reconocida como **reino independiente** y se convirtió poco después en el **principal estado de la España cristiana.**

---

colonos: trabajadores agrícolas, sin tierras propias, que cultivan las propiedades de otros.
encomendada: encargada, confiada, concedida.
jueces: personas respetables con poder para resolver conflictos públicos y privados.
desafiaban: se oponían, ofrecían resistencia.
robustecimiento: fortalecimiento.
tutela: protección.

Claustro del Monasterio de San Juan de la Peña (Huesca). Arte románico.

Los reinos cristianos pirenaicos

También las **regiones de los Pirineos** resistieron a la invasión musulmana. Sus características geográficas y las influencias externas, especialmente del vecino reino franco, dieron origen a **tres núcleos cristianos diferenciados.**

La Marca hispánica

Después de la victoria de POITIERS, los francos intentaron controlar la zona pirenaica. CARLOMAGNO envió una **expedición para someter a los vascos de Pamplona,** en 778, pero fue derrotada en RONCESVALLES y los vascos conservaron su independencia.

Sin embargo, en el **área oriental,** la población, de profunda tradición hispanorromana, buscó la **alianza de los francos** para librarse de los musulmanes. **Carlomagno estableció cinco condados** en CATALUÑA, conocidos bajo el nombre de **Marca Hispánica,** de los que sobresalió pronto el de BARCELONA-GERONA.

Los condados catalanes

Los condes catalanes, durante el siglo IX, aspiraron a convertir sus cargos en hereditarios. WIFREDO EL VELLOSO (874-898) concentró el poder en su persona y logró prácticamente la **independencia política del imperio carolingio.** Aunque después de la muerte de Wifredo los condes catalanes reconocieron otra vez la autoridad carolingia, ésta ya no fue efectiva.

Como en los reinos cristianos de occidente, tuvo lugar también en Cataluña una **intensa repoblación**. La concentración de la propiedad en manos de los condes, la jerarquía eclesiástica* y los monasterios desarrolló una **rígida organización feudal en Cataluña.**

Aragón y Navarra

El siglo VIII fue muy complejo en los **Pirineos centrales y occidentales** y en el territorio al sur de ellos, el valle del río Ebro. La **población montañosa** permaneció independiente y no se hizo musulmana. Los **habitantes del valle,** en cambio, se convirtieron a la religión musulmana para conservar sus fértiles tierras. Los intereses de ambos, montañeses y gentes del valle, eran distintos, pero tenían **enemigos comunes,** los francos y los omeyas, y por eso **se apoyaron mutuamente para luchar contra ellos.** Las diferencias se acentuaron cuando los **montañeses se convirtieron al cristianismo** y cayeron bajo la órbita* de **influencia carolingia.**

A comienzos del siglo IX nació el **condado de** Aragón y los francos fundaron en la región numerosos monasterios. Pero, a mitad de siglo, los aragoneses sustituyeron la organización y cultura franca por la hispanogoda. Su centro principal fue el monasterio de San Juan de la Peña.

Los **vascos de Pamplona,** aunque mantuvieron su independencia en el siglo VIII gracias a la victoria sobre los francos en Roncesvalles, aceptaron finalmente la **influencia carolingia,** como los aragoneses. Pero a comienzos del siglo X se independizaron. Sus jefes tomaron el título de **reyes de Navarra** y ampliaron su territorio por el alto valle del Ebro.

Expansión de Navarra. Sancho III

El avance de los cristianos en el oriente fue más lento que en el occidente. El valle del Ebro estaba muy poblado y ofreció mayor resistencia. Sancho I de Navarra (905-925) ocupó la Rioja y anexionó el condado de Aragón, aunque éste conservó sus instituciones propias.

El debilitamiento del califato cordobés tras la muerte de Al-Mansur permitió al rey Sancho III el Mayor (1005-1035) **extender las fronteras de Navarra.** Sancho III fue el **monarca más prestigioso de su tiempo:** sometió a los nobles, ejerció su autoridad sobre gran parte de los reinos cristianos de España y mantuvo contactos políticos con otros reinos de Europa. Protegió la cultura y fomentó las corrientes* eclesiásticas cluniacenses*, introductoras del arte románico en España.

---

jerarquía eclesiástica: dirección, ordenada en grados, de la Iglesia (cardenales, arzobispos, obispos...).
órbita: ámbito, espacio.
corrientes: influencias culturales, modas.
cluniacenses: de Cluny, monasterio francés, origen de una orden religiosa.

Organización social de los reinos cristianos

La **sociedad cristiana** de la Alta Edad Media es **feudal,** pero en España tuvo **características especiales** por la existencia de distintas condiciones económicas y sociales. Como hemos visto, las regiones de vanguardia, como Castilla, desarrollaron una sociedad de hombres libres con propiedad individual. Pero, a medida que las fronteras se alejaban hacia el sur, los nobles y eclesiásticos concentraban la propiedad y el poder en sus manos y los campesinos caían bajo su dependencia.

Campesinos, en una miniatura del siglo X.

Los **pequeños propietarios** entregaban sus tierras al noble a cambio de protección; el noble les permitía cultivarlas en adelante como **colonos,** no como propietarios, sometidos a impuestos y trabajos en beneficio del señor. Este régimen se llamó de *encomendación.* Los colonos eran hombres del señor; su condición social era hereditaria y no podían abandonar la tierra. También existían siervos, considerados como propiedad. Con el tiempo, la mayoría de los siervos fueron liberados y pasaron a la condición de colonos.

Los **nobles y eclesiásticos** eran los **grupos privilegiados** de la sociedad. Poseían la tierra y disfrutaban de las rentas y del trabajo de los campesinos. Los nobles recibían las tierras del rey a cambio de la promesa de defenderlas. Las **iglesias y los monasterios** concentraron la propiedad gracias a las donaciones* reales y a los regalos de los fieles*. El régimen feudal pleno fue caracterítico de Cataluña, pero también existieron en Castilla instituciones feudales.

donaciones: regalos.
fieles: que practican la fe, en este caso, cristiana; cristianos.

Economía

La **economía** de los reinos cristianos fue **agraria y pastoril*** en contraposición con la cultura urbana y artesana de Al Andalus. La circulación monetaria fue limitada y la producción sólo estaba destinada a la satisfacción de las necesidades vitales. Los objetos manufacturados, escasos, tuvieron precios muy elevados por la falta de mano de obra*, necesaria para la agricultura y para la defensa del territorio.

A lo largo del tiempo, el avance de las fronteras y las repoblaciones fomentaron el **crecimiento demográfico.** Gracias a ello, las técnicas agrícolas mejoraron: se introdujo el regadío y el molino hidráulico*.

Aunque predominó la economía y población agraria, también existieron algunos **centros urbanos** de cierta importancia. En ellos residían las autoridades eclesiásticas y los oficiales* de la administración. Estas **ciudades** fueron **polos de atracción para los campesinos.** Allí vendían sus productos y compraban objetos manufacturados. Estos intercambios mejoraban la economía y fueron la base del progreso urbano, más evidente en Cataluña que en el Occidente.

El arte

La principal manifestación artística de los primeros reinos cristianos de España es la **arquitectura asturiana del siglo IX.** Es un arte de tradición visigoda con influencias francas, bizantinas y árabes. Su innovación más importante es el empleo de la **bóveda de medio cañón***, precedente del arte románico. La obra maestra de este estilo es, sin duda, SANTA MARÍA DEL NARANCO, cerca de Oviedo.

pastoril: ganadera.
mano de obra: trabajadores.
molino hidráulico: molino que utiliza el agua como fuente de energía.
oficiales: funcionarios, empleados.
bóveda de medio cañón: cubierta superior de edificios en forma de semicírculo.

6. La reconquista cristiana (siglos XI-XIII)

La «reconquista»

A partir del siglo XI, la actitud defensiva de los reinos cristianos de España se convierte en ofensiva. La **ocupación violenta de las tierras habitadas por los musulmanes** recibe el nombre de *reconquista* y se extiende entre los siglos XI y XIII.

El fenómeno tiene una **justificación ideológica doble:** la extensión del ideal europeo de **Cruzada** a la lucha contra los musulmanes españoles y la

Alfonso VI,
rey de Castilla y León
(1072-1109).

restauración de la **tradición política de la monarquía visigoda.** En este proceso se modelan y robustecen las distintas **nacionalidades peninsulares cristianas,** con sus instituciones, lenguas y costumbres propias.

fraccionamiento: rotura de la unidad.

La reconquista es posible por el fraccionamiento* político de la España musulmana, tras la caída del califato de Córdoba. Sólo en dos ocasiones, a finales del siglo XII y a finales del siglo XIII, invasores bereberes —almorávides y almohades— reconstruyen la unidad de Al Andalus y frenaron el avance cristiano, aunque de forma transitoria.

Los reinos cristianos en el siglo XI

A comienzos del siglo XI, Sancho III el Mayor de Navarra había logrado la unidad política cristiana. A su muerte, sus estados se dividieron. Surgen así los reinos de ARAGÓN y CASTILLA, los cuales se imponen pronto sobre los otros reinos cristianos gracias a su enérgica actividad reconquistadora.

El hecho más importante del siglo XI es, sin duda, la incorporación del reino taifa de TOLEDO por ALFONSO VI de Castilla y León (1072-1109). Con ello, la frontera de Castilla-León se trasladó del río Duero al Tajo. La zona intermedia desértica (Salamanca, Avila, Segovia y Soria) fue repoblada a continuación. En la zona oriental, la reconquista, dirigida por Aragón, comenzó con la conquista de BARBASTRO y HUESCA.

Hay que mencionar en este siglo la figura legendaria de RODRIGO DÍAZ DE VIVAR, conocido como el *Cid Campeador*, tipo de guerrero independiente al servicio de reyes cristianos y musulmanes. El Cid conquistó transitoriamente VALENCIA (1094-1099) y sus acciones inspiraron el primer poema épico de la literatura española, el *Cantar del Mío Cid* (1207).

La reconquista se detuvo a finales del siglo XI a consecuencia de la invasión almorávide.

La reconquista en el siglo XII

ALFONSO I EL BATALLADOR (1104-1134), rey de Navarra y Aragón, llevó las fronteras de su reino hasta el río Ebro y conquistó ZARAGOZA, pero no pudo cumplir su deseo de unir toda la España cristiana. Casó con URRACA, hija de Alfonso VI y reina de Castilla y León, pero la nobleza y el clero* castellanos hicieron fracasar la unión.

El hijo de Urraca, ALFONSO VII (1126-1157) decidió introducir tardíamente el sistema feudal en la península y se proclamó emperador. Pero, con su desastrosa política, sólo logró fragmentar* más la España cristiana. Cuando murió había cinco estados independientes en ella: Portugal, León, Castilla, Navarra y Aragón. Solamente Aragón se unió con el condado de Barcelona. Como una sola Corona, catalanes y aragoneses completaron la ocupación del valle del Ebro.

En el occidente, ALFONSO I, primer monarca de Portugal, conquistó LISBOA y se extendió por el ALEMTEJO. Los reyes de Castilla y los de León, durante la segunda mitad del siglo XII, intentaron controlar la línea del río Guadiana y los pasos hacia Andalucía. Para ello establecieron en las tierras de la Mancha y Extremadura *órdenes militares*, milicias de monjes-soldados, como las de CALATRAVA y ALCÁNTARA. Pero la invasión de los almohades, desde 1145, detuvo durante cierto tiempo el avance cristiano. El rey de Castilla, ALFONSO VIII, sufrió una dura derrota en ALARCOS (Ciudad Real), en 1195.

clero: clase sacerdotal de la Iglesia católica.
fragmentar: dividir.

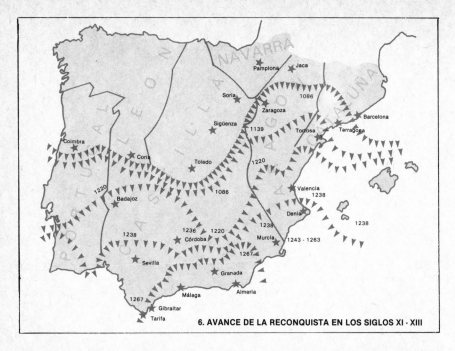

6. AVANCE DE LA RECONQUISTA EN LOS SIGLOS XI - XIII

Desde mediados del siglo XII los **reinos cristianos** establecieron **relaciones duraderas con otros estados europeos** y participaron en una **política internacional.** Castilla-León se vinculó* a Francia; Portugal y Aragón, a Inglaterra. Navarra, por su parte, se alió con unos y otros, según las circunstancias.

El siglo XIII. La expansión de los reinos cristianos

Durante el siglo XIII **la reconquista quedó prácticamente terminada.** El rey ALFONSO VIII solicitó la colaboración europea para detener a los almohades. El papa INOCENCIO III predicó la Cruzada contra los musulmanes. Un gran ejército compuesto de castellanos, aragoneses y navarros venció a los árabes en las NAVAS DE TOLOSA (1212). Fue una **gran victoria,** que abrió a los cristianos las puertas de Andalucía.

Los reinos cristianos aprovecharon la descomposición de los reinos de Taifas musulmanes para extenderse. **Castilla y Aragón** delimitaron sus correspondientes **áreas de expansión** mediante tratados, como el de ALMIZRA·(1244). En ellos, Murcia fue atribuida* a Castilla, que consiguió así una salida al mar Mediterráneo.

Los dos monarcas más brillantes del siglo XIII fueron JAIME I de Aragón y FERNANDO III de Castilla. El primero conquistó MALLORCA (1229) y el reino de VALENCIA (1231). Fernando III, que unió definitivamente los reinos de Castilla y León, ocupó JAÉN (1246) y el valle del Guadalquivir, con el reino de SEVILLA (1248).

se vinculó: se alió, se unió.
atribuida: concedida, asignada.

40

Al final del siglo XIII, GRANADA era el **único reino musulmán de España,** que subsistió como tributario* de Castilla hasta 1492.

La sociedad cristiana de la reconquista

La sociedad de los siglos XI-XIII estuvo determinada por la guerra. **La guerra condicionó la economía** y tuvo importantes **consecuencias sociales.** Los reinos cristianos se enriquecieron con los tributos o *parias* exigidos a los musulmanes. Estos ingresos* permitieron en el siglo XI la construcción de grandes edificios y la fortificación de las fronteras. **La guerra** era la **fuente de ingresos más importante de la monarquía y de la nobleza.** Pero los nobles eran también propietarios de tierras y ganados y participaban en las actividades artesanales y comerciales.

Economía. El régimen de propiedad

La **ganadería** fue más importante que la agricultura, fenómeno que se explica por la escasez de población y la inseguridad de las fronteras. La ganadería ovina fue la más extendida por su rendimiento económico. El *Concejo de la Mesta* era una asociación que defendía los intereses de los ganaderos y llegó a ser muy poderosa. Los monarcas y señores* la protegieron, a veces con perjuicio* de la agricultura.

La **propiedad de la tierra** tuvo distintas modalidades, según el sistema de repoblación que siguió a las conquistas. En las regiones fronterizas los campesinos eran dueños de las tierras que cultivaban, pero existían también grandes propiedades, cultivadas por jornaleros* y criados. En el interior continuó el régimen de la Europa feudal, en el que los colonos y siervos estaban obligados a trabajar las tierras señoriales.

El aumento de la población, la prosperidad económica y la organización urbana fomentaron la **artesanía y el comercio.** Tuvieron mucha importancia las llamadas *ferias,* **mercados locales o regionales** en determinadas fechas, a las que acudían los comerciantes.

Las ciudades. El nacimiento de la burguesía

En España el fenómeno urbano no fue tan intenso como en el resto de Europa. La nobleza señorial, religiosa y laica, siguió ejerciendo un dominio económico y jurídico sobre la población. De todas maneras, existieron **núcleos urbanos,** cuyos habitantes tenían un estatuto* privilegiado. Así, los *concejos**

tributario: estado obligado al pago de un tributo a otro.
ingresos: ganancias económicas.
señores: nobles, dueños de un territorio sobre el que tienen poder económico y jurídico, el *señorío.*
perjuicio: daño.
jornaleros: trabajadores del campo, sin tierras propias, que cultivan la tierra de otros a cambio de un *jornal* o salario.
estatuto: reglas o leyes que regulan el gobierno de una comunidad.
concejos: ayuntamientos, municipios, núcleos urbanos.

de repoblación estaban constituidos por hombres libres. Los propios vecinos* regulaban la vida municipal. Su economía era ganadera y agrícola. No fueron importantes los grupos artesanales y, por ello, no lograron desarrollarse como ciudades, con una burguesía fuerte. Tampoco los centros artesanales surgidos a lo largo del Camino de Santiago* pudieron liberarse del poder feudal de los señoríos.

En cambio, en **Cataluña,** para fomentar la repoblación del territorio, los condes concedieron privilegios a los pobladores de las tierras conquistadas. Así surgieron **numerosos centros de población** con cierta prosperidad económica. En ellos habitaban numerosos artesanos, que se organizaron en talleres*. Gracias a este desarrollo económico se creó una **nueva clase social,** la de los **burgueses,** que aspiraban a controlar su ciudad. Poco a poco surgió el **régimen municipal,** que ya estaba desarrollado en el siglo XIII.

Fue **muy importante en Cataluña el comercio,** cuyo centro estuvo en BARCELONA. Los mercaderes catalanes, bien organizados y poderosos, desarrollaron un activo **comercio en el Mediterráneo,** desde el norte de Africa a Chipre, Alejandría y Constantinopla. Estos mercaderes distribuyeron los productos de Oriente por toda la península y Europa.

La cultura. Las lenguas romances

Durante estos siglos las **lenguas nacionales** se convierten en lenguas cultas, **escritas.** Las lenguas de la península, excepto el vasco, derivan del latín. En época visigoda había un latín culto, escrito, y otro latín, llamado *vulgar,* hablado por el pueblo. Este latín vulgar se diferenció cada vez más del culto. En el siglo XI ya eran dos lenguas diferentes.

El latín escrito, como lengua cultural, se mantuvo uniforme; el vulgar, en cambio, dio lugar a **dialectos particulares en cada región.** Con el tiempo, estas **lenguas consiguieron un prestigio social,** sobre todo en las ciudades. Desde el siglo XIII, el latín fue sólo una lengua eclesiástica. **Cada reino cristiano desarrolló su lengua propia** y la implantó* en los territorios conquistados. Así se habló el **gallego, leonés, castellano, aragonés** y **catalán.** Pero la importancia política de Castilla motivó el **triunfo del castellano** sobre los restantes idiomas peninsulares.

La literatura

Los primeros ejemplos escritos de estas lenguas son del siglo X. Se trata de *glosas* o notas explicativas de textos en latín, como las *Glosas Emilianenses.* En el siglo XIII, los textos se escriben íntegramente en la lengua hablada y se desarrolla la literatura.

La **poesía** cultivó **temas religiosos y épicos.** El primer poema épico conocido es el citado *Cantar del Mío Cid.* Un gran poeta religioso fue GONZALO DE BERCEO. ALFONSO X EL SABIO (1257-1284), rey de Castilla, es el creador de la

vecinos: habitantes de una comunidad urbana.
Camino de Santiago: ruta que conducía desde los Pirineos hasta la ciudad de Santiago de Compostela, en Galicia.
talleres: lugares de trabajo para las diversas industrias artesanales.
implantó: estableció, extendió, impuso.

*El Pórtico de la Gloria,
en la Catedral de Santiago
de Compostela.*
Arte románico.

La Alhambra de Granada.

prosa literaria castellana; cultivó el derecho, la historia y la literatura en prosa y verso. RAIMUNDO LULL (1233-1315), filósofo, poeta y hombre de ciencia, escribió su obra en **lengua catalana.**

Las Universidades

En el siglo XIII nacen las **Universidades** o *Estudios Generales.* Las primeras en España fueron las de Palencia (1212) y Salamanca (1254), organizadas según el modelo europeo.

El arte románico

El primer arte europeo uniforme es el **arte románico.** Los monjes cluniacenses lo introdujeron en España en el siglo XI. Los **primeros ejemplos** se encuentran **en Cataluña.** Los reinos cristianos construyeron muchos edificios románicos gracias a los tributos cobrados a los musulmanes. Destacan entre ellos las iglesias de SAN ISIDORO de León y de SAN MARTÍN DE FRÓMISTA.

El **románico de influencia francesa** se introdujo en España con las peregrinaciones a Santiago de Compostela. En el **Camino de Santiago** se construyeron numerosas iglesias románicas. Pero la obra más importante en este estilo es la CATEDRAL DE SANTIAGO, en la que destacan las bellísimas esculturas del **Pórtico de la Gloria.**

Desde mediados del siglo XII los **monjes del Císter** introducen en la península un **arte de transición,** que dará origen al arte gótico. En este *estilo cisterciense* se construyen edificios más sencillos, pero también más esbeltos* y luminosos. Los primeros ejemplos son los monasterios de POBLET (Tarragona), MORERUELA (Zamora) y LAS HUELGAS (Burgos).

Pero también se construyeron muchas **catedrales e iglesias románicas en época tardía,** muy evolucionadas y con influencias orientales, como la CATEDRAL VIEJA DE SALAMANCA, la de ZAMORA y las iglesias de SAN JUAN DEL DUERO (Soria) y de SAN VICENTE de Avila.

esbeltos: de elevada altura, elegantes.

44

7. La crisis de los siglos XIV y XV

Los siglos XIV y XV significaron la crisis de la Edad Media. En ellos son frecuentes las **guerras entre los reinos cristianos** de la península y las **luchas sociales internas.** Pero esta larga crisis dará origen al **nacimiento del estado moderno.**

En estos siglos existían en España **tres núcleos políticos cristianos,** la Corona de Castilla, la Corona de Aragón y el reino de Navarra, además del reino musulmán de Granada. La evolución de estos reinos tuvo elementos comunes, pero también profundas diferencias.

Castilla en el siglo XIV

La **lucha entre la monarquía y la nobleza** y los **conflictos sociales** fueron los acontecimientos más importantes en Castilla durante esta época. Las masas populares reaccionaron contra la tiranía de los nobles en el campo y en la ciudad. ALFONSO XI (1312-1350) fortaleció la autoridad monárquica y **acabó con el dominio musulmán en el estrecho de Gibraltar.** PEDRO I EL CRUEL (1350-1369) continuó la labor de su padre ALFONSO XI de **robustecer la monarquía.** La nobleza se rebeló y apoyó a su hermano bastardo ENRIQUE, que asesinó al rey.

ENRIQUE II (1369-1379) inició la **dinastía** TRASTAMARA en Castilla. El rey tuvo que contentar a la nobleza que lo había apoyado contra su hermano. Los regalos a los nobles ocasionaron rebeliones en las ciudades. El rey desvió las iras del pueblo hacia **los judíos,** que **fueron perseguidos.**

Castilla en el siglo XV

Los **conflictos entre monarquía y nobleza,** las **revueltas antiseñoriales** y la **persecución contra los judíos** continuaron durante el siglo XV. El reinado de ENRIQUE IV (1454-1474) es el **período más caótico de la monarquía castellana.** La nobleza hizo continuas exigencias al monarca. Estas concesiones a la alta nobleza provocaron nuevos **movimientos antiseñoriales,** especialmente **en Galicia.** Castilla estaba en peligro de una guerra civil cuando fue proclamada heredera de la Corona la hermana del monarca, ISABEL, casada con el heredero de la Corona de Aragón, FERNANDO, los futuros REYES CATÓLICOS.

La expansión mediterránea de Aragón en el siglo XIV

El rasgo fundamental de la historia de Aragón durante los siglos XIV y XV fue la **expansión mediterránea.** Aumentó la presencia de Aragón en el norte de Africa y, sobre todo, en el Mediterráneo oriental.

*Alfonso V de Aragón
(1416-1458).*

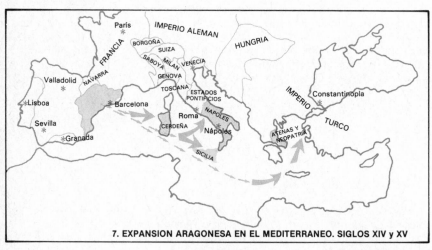

7. EXPANSION ARAGONESA EN EL MEDITERRANEO. SIGLOS XIV y XV

*Anverso y reverso
de un real de Cerdeña
acuñado por Alfonso IV
de Aragón.*

Durante el reinado de JAIME II (1291-1327) tuvo lugar la **expedición a Oriente** de los *almogávares*. Los almogávares eran soldados mercenarios catalano-aragoneses contratados por el emperador de Bizancio para luchar contra los turcos. Pero surgieron problemas con el emperador. El jefe de los almogávares, ROGER DE FLOR, fue asesinado (1305) y sus soldados **devastaron el imperio bizantino.** Finalmente, ocuparon los ducados de ATENAS y NEOPATRIA y los **integraron en la Corona de Aragón.**

Bajo PEDRO IV (1336-1387) la **expansión mediterránea** de Aragón dio pasos gigantescos. El monarca hubo de luchar contra la nobleza en sus reinos e intervino en los conflictos dinásticos de Castilla, apoyando a Enrique II. También tuvieron lugar importantes **conflictos sociales,** que duraron más de un siglo: los campesinos o *payeses* luchaban por su libertad individual y por la abolición de los impuestos y tributos feudales.

La Corona de Aragón en el siglo XV

A comienzos del siglo XV hubo en Aragón un **grave problema sucesorio.** Después de mucho tiempo, fue elegido rey FERNANDO DE ANTEQUERA (1412-1416), hermano del rey de Castilla, Enrique III. Bajo la nueva **dinastía** TRASTAMARA continuó la **política tradicional mediterránea** de Aragón. Fernando I pacificó Cerdeña y Sicilia.

Su hijo ALFONSO V (1416-1458) fue un monarca muy culto. El hecho más importante de su reinado es la **conquista del reino de** NÁPOLES.

Hubo también **conflictos políticos y sociales en Cataluña,** donde se enfrentaba la oligarquía urbana a los grupos de artesanos y mercaderes. Este enfrentamiento dio lugar a una **guerra civil** durante el reinado de JUAN II (1458-1479). El partido monárquico, formado por las clases medias y humildes de las ciudades, luchó contra los rebeldes a la monarquía, la oligarquía urbana. Aunque se logró la paz, los problemas sociales y políticos no estaban resueltos cuando subió al trono el sucesor de Juan II, FERNANDO, casado con la heredera de la Corona de Castilla, ISABEL.

Navarra

El reino de Navarra, por su parte, estuvo en estos siglos bajo el **dominio o la influencia francesa.** Desde mediados del siglo XV, el **caos** se apoderó del reino. En el interior, las **luchas de los nobles** desgarraban* el reino, ahogado* entre sus poderosos vecinos, Francia, Aragón y Castilla.

Aspectos económicos y sociales

Un rasgo general de estos siglos fue la **crisis demográfica.** La península sufrió las consecuencias de graves epidemias, como la *peste negra* de 1350. La población, estancada* en el siglo XIV, comenzó en el XV una lenta recuperación.

desgarraban: debilitaban, perjudicaban.
ahogado: encerrado, falto de expansión.
estancada: detenida, sin aumentar ni disminuir.

La **organización de la sociedad** era, como en los siglos anteriores, **feudal** y tenía una **economía,** sobre todo, **agraria.** Pero existían diferencias entre los reinos peninsulares. En Aragón, la artesanía y el comercio tuvieron mucha importancia. Por ello, se desarrolló una **burguesía fuerte y activa.** En cambio, en Castilla, la burguesía fue muy débil y no pudo enfrentarse con la nobleza. Pero en Castilla y Aragón los **conflictos sociales** fueron muy graves y terminaron con la **victoria de la nobleza,** que afirmó su posición, sobre todo en Castilla.

La economía castellana

La base de la economía castellana fue, como antes, **agrícola y ganadera.** La agricultura se estancó. Las técnicas eran muy primitivas y la producción, baja. El país conoció frecuentemente **períodos de hambre** y algunas ciudades se despoblaron durante el siglo XIV.

En el siglo XV se inició una **recuperación económica.** Pero el eje* de la economía castellana fue la **ganadería lanar.** Las lanas* fueron objeto de un próspero **comercio de exportación** a Europa. Existía también un **comercio interior muy importante,** gracias al desarrollo de las *ferias* o **mercados,** como la de MEDINA DEL CAMPO.

La economía de Aragón

En la Corona de Aragón (Cataluña, Aragón, Valencia y Mallorca) la **agricultura** era también la actividad económica principal. Pero existía a su lado un **potente artesanado y comercio.** La principal industria era la textil, trabajos en metal y cuero y la construcción.

La **actividad mercantil,** sobre todo, fue gigantesca, paralela a la presencia política catalano-aragonesa en el Mediterráneo. Existían **tres grandes rutas** que conducían al Mediterráneo Oriental, al Occidental y al Atlántico. El *Consulado del Mar* fue una institución creada para defender los intereses de los mercaderes y resolver sus conflictos internos.

La economía de Navarra

Por su parte, la economía de Navarra fue muy **débil.** La producción agrícola era insuficiente y el reino hubo de importar alimentos.

La sociedad de los siglos XIV y XV

La sociedad hispánica estaba dividida en dos grandes grupos: los **dominantes** y los **dominados.**

Las clases dominantes

Entre los primeros, destacaba la alta **nobleza feudal.** Aumentó su riqueza y poder en estos siglos. En Castilla, las propiedades de los nobles eran **verda-**

eje: centro.
lanas: tejidos de lana.

deros estados señoriales. Los nobles administraban justicia* a la población de sus feudos y exigían de ella tributos e impuestos diversos. También eran grandes* señores feudales las **autoridades eclesiásticas** de los monasterios y de las Ordenes Militares.

Existía también una **nobleza inferior,** formada por señores de propiedades menos importantes y por los **caballeros** de las ciudades. Muy próxima a esta nobleza ciudadana estaban los **comerciantes ricos** y los **banqueros.** Unos y otros constituían la **oligarquía urbana,** que controlaba la administración de las ciudades.

Los grupos dominados

Entre los grupos dominados, los **agricultores** formaban la mayoría. Pero era una clase muy compleja. En ella se integraban propietarios ricos y jornaleros sin tierras propias. En las ciudades vivían **trabajadores dedicados a oficios diversos.** Los grupos sociales ciudadanos tuvieron mayor fuerza e importancia en Cataluña que en los otros reinos peninsulares.

En el escalón más bajo de la sociedad estaban los **pobres** y **miserables*,** sin trabajo y sin recursos económicos, muy abundantes (hasta un 15 o 20 por 100 de la población).

Las minorías étnico-religiosas

A las diferencias sociales se suman en los reinos peninsulares las **diferencias étnico-religiosas.** En ellos vivían cristianos, judíos y musulmanes o *mudéjares.* Los dos últimos grupos estaban marginados por los cristianos y fueron **perseguidos,** especialmente los **judíos.**

Las instituciones políticas

Los reinos cristianos de la península conocieron en los siglos XIV y XV un **fortalecimiento de las instituciones de gobierno.** El Derecho Romano contribuyó a extender la **teoría de la autoridad real,** precedente del absolutismo. En Castilla se crearon el *Consejo Real,* para asesorar* al rey, la *Audiencia* o tribunal* supremo de justicia y se desarrolló la *Hacienda,* institución encargada de administrar los bienes* de la Corona.

Tuvieron mucha importancia en Castilla, Aragón y Navarra, las *Cortes.* Las Cortes eran una **asamblea** que defendía los intereses del reino. En ellas estaban representados los tres núcleos de la sociedad, el eclesiástico, el militar y el ciudadano. Desplegaron* una **gran actividad política y legislativa.**

También se desarrollaron las **instituciones municipales.** Las oligarquías ciudadanas terminaron por controlar la administración local: el descontento de los otros grupos sociales provocó frecuentes conflictos en las ciudades.

administraban justicia: juzgaban.
grandes: poderosos.
miserables: mendigos.
asesorar: aconsejar.
tribunal: grupo de jueces que administran justicia.
bienes: riquezas, propiedades.
desplegaron: realizaron

La cultura

La gran crisis de los siglos XIV y XV se manifestó también en el **pensamiento** y en la **cultura.** El pensamiento religioso de la Edad Media perdió fuerza, mientras se afirmaba paralelamente la fe en el hombre y la búsqueda de la cultura clásica, que dieron lugar al **Humanismo** y al **Renacimiento.** La cultura de la Baja Edad Media fue urbana, pero todavía tuvo importancia decisiva la influencia de la Iglesia.

El arte

Ya durante el siglo XIII se había extendido el **arte gótico.** El naturalismo y realismo gótico triunfó sobre la abstracción y el simbolismo románicos. Los edificios son más esbeltos, amplios y luminosos. Ejemplos religiosos de este arte en España son, durante el siglo XIII, las **catedrales** de Burgos, León y Toledo.

La Catedral de Burgos. Arte gótico.

Pero, al lado de los edificios religiosos, se construyeron también **castillos** y **palacios** en este estilo. Otros edificios civiles fueron las **lonjas de comercio***, en Aragón y Cataluña.

Todavía en el siglo XIV la arquitectura gótica produjo bellos edificios, como la catedral de SEVILLA.

Hay que citar también un estilo típicamente hispano, el *mudéjar,* que incorporó* a los reinos cristianos las **tradiciones musulmanas.** Utilizó materiales pobres con una ornamentación muy rica. El ejemplo más bello es el ALCÁZAR DE SEVILLA.

El estilo gótico tuvo también manifestaciones en **escultura y pintura.** Los diferentes estilos de Europa se extienden en la península: el gótico francés, el italiano y, sobre todo, el flamenco*. El naturalismo, el amor al detalle y la riqueza de colores de la **pintura flamenca** se imitó en España por pintores como DALMAU, HUGUET O FERNANDO GALLEGO.

La literatura

Las **obras literarias** reflejan fielmente la **sociedad y las costumbres** de la época. Destacan, durante el siglo XV, JUAN RUIZ, el Arcipreste* de Hita, autor del *Libro del Buen Amor,* el infante* DON JUAN MANUEL y PEDRO LÓPEZ DE AYALA.

En el siglo XV penetró en España la **influencia italiana** y el nuevo **espíritu del Humanismo** con poetas castellanos como JORGE MANRIQUE y el MARQUÉS DE SANTILLANA. También la **literatura catalana** tuvo un gran florecimiento. Su principal representante es AUSIAS MARCH, excelente poeta en el que se funden* las tradiciones medievales con el espíritu del Humanismo.

lonjas de comercio: edificios públicos que sirven de mercado o centros de comercio.
incorporó: agregó, añadió.
flamenco: de Flandes, Países Bajos.
arcipreste: sacerdote, clérigo.
infante: título de nobleza concedido por el rey a algunos de sus parientes.
se funden: se mezclan.

8. La España de los Reyes Católicos

El matrimonio de ISABEL, heredera de la Corona de Castilla, con FERNANDO, rey de Aragón, en 1474, fue la base de la **unidad política peninsular.** Pero el **reinado de los llamados** REYES CATÓLICOS no rompió la tradición con el pasado. Los Reyes Católicos heredaron los graves problemas de la época anterior, aunque ofrecieron soluciones nuevas, en ocasiones, discutibles. Con ellas se inicia un **nuevo período de la Historia de España.**

Isabel I de Castilla y Alfonso V de Aragón: Los Reyes Católicos.

La unión de Castilla y Aragón

Una parte de la nobleza castellana se oponía al acceso de Isabel al trono y apoyó a una hija de Enrique IV, JUANA. Portugal defendió los derechos de Juana, temerosa de la unión de Castilla y Aragón. Estalló la **guerra de sucesión** y tropas portuguesas invadieron Castilla. Los partidarios de Isabel vencieron (1476). Así **se unieron las Coronas de Castilla y Aragón.**

Pero esta **unión fue personal y no significó un estado centralista y unificado.** Los reinos de Castilla y los de Aragón conservaron sus instituciones propias y su personalidad. De todas maneras, el **núcleo del estado fue Castilla,** que superaba a Aragón en número de habitantes, extensión y riqueza.

REINO DE FRANCIA
REINO DE
REINO DE
NAVARRA
Pamplona
Burgos
Palencia
Toro
Zamora
Valladolid
REINO DE
Medina del Campo
Zaragoza
Barcelona
Arévalo
Segovia
ARAGON
Avila
Madrid
Toledo
Valencia
Palma
REINO DE PORTUGAL
CASTILLA - LEON
REINO
Granada
DE GRANADA

8. LA ESPAÑA DE LOS REYES CATOLICOS: UNIDAD TERRITORIAL

El reinado de los Reyes Católicos

Los Reyes Católicos continuaron la **tradición monárquica de reforzar las instituciones de gobierno:** reformaron la administración de justicia, la Hacienda, el ejército y el gobierno de las ciudades. Los *corregidores* eran funcionarios reales con atribuciones políticas y jurídicas en las ciudades. Estas, pues, perdieron su autonomía. Se creó también una institución nueva, la *Santa Hermandad,* encargada de mantener el orden en el reino de Castilla, con funciones de policía y también judiciales.

El aspecto más brillante del reinado de los Reyes Católicos es el de la **política exterior,** en tres direcciones: la unidad territorial, la política europea y la expansión atlántica y africana.

La unidad territorial: la conquista del reino de Granada

Como sabemos, quedaba todavía en la península el **reino musulmán de Granada.** Su existencia como reino tributario ya no era conveniente para Castilla. Granada sufría una **grave crisis interna** y **frecuentes discordias civiles.** Su anexión fue el primer objetivo político de los Reyes Católicos.

La **conquista** comenzó en 1481 y duró once años. Fue una guerra muy dura. Al principio se utilizaron tácticas medievales, con poco éxito. Finalmente, los reyes movilizaron grandes recursos y avanzaron de manera coordinada y sistemática. Primero conquistaron Ronda y Málaga; Almería y Guadix se entregaron a continuación; finalmente, se rindió Granada, el 2 de enero de 1492.

Los reyes respetaron las propiedades, la religión y las costumbres de los granadinos, pero muchos emigraron a Africa. Las **tierras del reino fueron repobladas** a continuación.

La unidad territorial: la anexión de Navarra

El reino de Navarra, arruinado y caótico, fue hostil a Castilla y buscó, en cambio, la alianza de Francia. Fracasó la política matrimonial de los reyes para anexionarla. En 1512, cuando ya había muerto Isabel, **las tropas de Fernando invadieron el reino** y conquistaron la capital, Pamplona. **Navarra fue anexionada,** pero conservó sus instituciones propias.

También intentaron los Reyes Católicos la **unión con Portugal** con otros procedimientos. Practicaron una **política matrimonial,** que, sin embargo, **no tuvo resultado inmediato.**

Política europea: las guerras de Italia

La **política europea** de los Reyes Católicos continuó la **tradición aragonesa de enemistad con Francia.** El aspecto más interesante de esta política fueron las llamadas **guerras de Italia.** En ellas Francia y Castilla-Aragón lucharon por el **dominio del reino de** NÁPOLES. Las victorias de las tropas españolas dirigidas por GONZALO FERNÁNDEZ DE CÓRDOBA, el *Gran Capitán,* permitieron finalmente la **anexión del reino a la Corona de Aragón** (1504).

Fernando desplegó* **en Europa** una **activa política antifrancesa,** que reforzó mediante **enlaces* matrimoniales.** JUAN y JUANA, hijos de los Reyes Católicos,

desplegó: desarrolló, realizó.
enlaces: uniones, matrimonios.

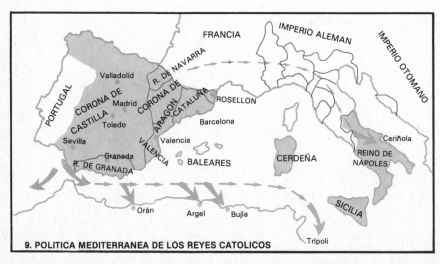

9. POLITICA MEDITERRANEA DE LOS REYES CATOLICOS

se unieron con los hijos del emperador de Austria, MAXIMILIANO. Otra hija, CATALINA, casó con EDUARDO de Inglaterra, y luego, con ENRIQUE VIII.

La expansión atlántica

La **expansión atlántica** de los Reyes Católicos tuvo su punto culminante en el **descubrimiento de América,** en 1492. La empresa no fue al principio muy rentable, pero tuvo enormes consecuencias en el futuro. Por su importancia, la analizaremos en un capítulo aparte.

También **Africa** ofrecía posibilidades interesantes. Los Reyes Católicos continuaron aquí la **política tradicional de Castilla.** Se exploró la **costa occidental del Sahara** (IFNI) y se **conquistaron** las ISLAS CANARIAS, incorporadas a la Corona de Castilla y repobladas con castellanos.

Política religiosa

La **política religiosa** de los Reyes Católicos ha sido muy discutida. Los reyes buscaban la **unidad religiosa del estado** por sus creencias personales y por conveniencias políticas. Aunque en los siglos anteriores existió una gran tolerancia para las creencias religiosas, **la convivencia entre cristianos y judíos se había deteriorado gravemente** desde finales del siglo XIV. Las matanzas de judíos de 1391 demostraron que la diversidad religiosa era un grave problema. Muchos judíos se convirtieron a la fe cristiana, pero eran acusados de practicar sus antiguas creencias en secreto y de cometer los más horribles crímenes.

La Inquisición

Los Reyes Católicos crearon un **tribunal religioso,** precisamente para **vigilar la pureza de la fe cristiana** y la **sinceridad de los conversos.** El *Tribunal de la Inquisición* o del *Santo Oficio* fue aprobado por el Papa, pero estuvo **sometido a las órdenes de los reyes,** como instrumento político.

La Inquisición comenzó su labor en Sevilla (1478) con una **dureza** tan grande que muchas familias huyeron de la ciudad. Desde Sevilla la Inquisición **se extendió a todo el estado** con la misma dureza.

Durante el reinado de los Reyes Católicos fueron quemadas más de 6.000 personas. Otras sufrieron diversos castigos. Los **métodos** utilizados por el tribunal (torturas, acusaciones anónimas...) fueron causa de muchas persecuciones injustas y aumentaron el **terror** hacia la institución.

Expulsión de los judíos

Los Reyes Católicos, decididos a implantar* la unidad religiosa, decretaron finalmente, en 1492, la **expulsión de los judíos.** Ese mismo año abandonaron la península alrededor de 150.000 personas hacia Portugal, norte de Africa y Mediterráneo Oriental. Allí crearon comunidades, los llamados *sefardíes,* que aún hoy conservan la lengua y las tradiciones españolas del siglo XVI. Las **consecuencias de la expulsión fueron negativas para España:** muchos judíos ejercían actividades artesanales y mercantiles que se interrumpieron.

implantar: establecer.

Los mudéjares

Los *mudéjares* o musulmanes españoles también fueron **perseguidos:** después de un primer período de tolerancia, los reyes **obligaron a los musulmanes a aceptar la fe cristiana** si no querían ser expulsados. Muchos se convirtieron al cristianismo para no perder sus bienes, pero siguieron practicando la religión musulmana. Fueron los llamados *moriscos.*

La reforma del clero

Otro aspecto de la política religiosa de los Reyes Católicos fue la **reforma del clero.** El cardenal CISNEROS, consejero de los reyes, **restableció la disciplina y la moral** de los monjes y sacerdotes.

Política económica

Durante el reinado de los Reyes Católicos continuaron y **se fortalecieron las estructuras económicas y sociales de la Baja Edad Media.** La economía se apoyó en la **ganadería lanar** y en la **exportación de materias primas.** Los reyes practicaron una **política económica proteccionista.** La agricultura continuó estancada y olvidada, mientras la **ganadería tuvo numerosos privilegios.** Las actividades industriales fueron muy limitadas, pero, en cambio, tuvo mucha importancia el **comercio internacional. Castilla tuvo mayor peso* en la economía** por su densidad de población (cinco millones de habitantes, frente a 850.000 de Aragón), pero también prosperaron los otros reinos hispánicos.

Política social

La **política social** de los Reyes Católicos **favoreció los intereses de la alta nobleza.** Esta política se compaginó* con la afirmación de la autoridad real. Los nobles rebeldes fueron castigados con dureza. Los reyes **protegieron los grandes estados señoriales** y crearon otros nuevos. La nobleza consolidó su **poder económico** con perjuicio de los intereses populares. Las leyes y la administración de justicia apoyaban los **derechos de los poderosos.** Pero también un gran número de pequeños y medios campesinos disfrutó de prosperidad económica, aunque no jurídica.

La cultura

La **cultura** en esta época tuvo una gran vitalidad. La **tradición humanista** del siglo XV en Castilla y Aragón, las influencias italianas, la estabilidad política y la prosperidad económica abrieron el camino al **triunfo del Renacimiento.** Pero el Renacimiento en España no abandonó las **tradiciones medievales cristianas,** sino que se fundió con ellas.

peso: importancia.
se compaginó: se combinó.

El Humanismo: Antonio de Nebrija

Los reyes, nobles y autoridades eclesiásticas protegieron la cultura y favorecieron la **venida a España de intelectuales italianos,** que difundieron la cultura clásica, la enseñanza del latín, el **nuevo espíritu humanista** y las **ideas del Renacimiento.** Destacan entre ellos, LUCIO MARINEO SÍCULO y PEDRO MÁRTIR DE ANGLERÍA.

Pero el humanista más importante fue ANTONIO DE NEBRIJA. Fue un gran filólogo clásico y un estudioso apasionado de la **lengua castellana,** que promo-

Ilustración de «La Celestina».

cionó* como **vehículo de cultura.** En 1492 publicó el *Arte de la lengua castellana,* **primera gramática de una lengua vulgar.** El **castellano** se convirtió pronto en un **idioma universal,** gracias al descubrimiento de América y a la difusión de la imprenta *. En la misma época publicó FERNANDO DE ROJAS *La Celestina,* obra excepcional y monumento literario de la lengua castellana.

Arte

Las **artes plásticas** muestran también la vitalidad de la época. Los ejemplos se concentran en Castilla, financiados por la Corona, la Iglesia y la nobleza. El arte refleja también la **transición entre dos edades:** el **gótico final** se mezcla con las **corrientes renacentistas** italianas. Muchos **artistas extranjeros** trabajaron en España, flamencos, italianos y franceses.

Arquitectura: estilos isabel y plateresco

La **arquitectura gótica** tuvo en la época de los Reyes Católicos su última floración con el llamado **estilo** *isabel.* Es un gótico cargado de elementos decorativos, con ejemplos como la iglesia de SAN JUAN DE LOS REYES, en Toledo; el COLEGIO DE LA SANTA CRUZ de Valladolid, los HOSPITALES REALES de Granada, Santiago y Toledo o la CAPILLA REAL de la Catedral de Granada.

A su lado aparece una **arquitectura nueva con elementos renacentistas.** Tiene mucha importancia la organización del espacio y la armonía del conjunto.

promocionó: difundió, impulsó, favoreció.
imprenta: arte de imprimir.

Portada plateresca de la Universidad de Salamanca.

En él se integran los **elementos decorativos, menudos* y abundantes,** propios del renacimiento italiano. Este estilo se llama *plateresco.* Salamanca es la ciudad plateresca por excelencia. Destacan la fachada de su UNIVERSIDAD, el palacio de MONTERREY y el convento de SAN ESTEBAN.

Escultura y pintura

La **escultura y pintura** muestran el mismo **influjo doble, gótico y renacentista.** El artista más interesante es PEDRO BERRUGUETE, con influencias de Flandes y Borgoña, por un lado, y del renacimiento italiano, por otro.

menudos: pequeños.

9. Descubrimiento, conquista y colonización de América

La política atlántica de España y Portugal

El descubrimiento de América es el hecho más importante del reinado de los Reyes Católicos. Este acontecimiento no fue casual. **Europa** poseía los **conocimientos técnicos** necesarios para realizar la empresa. **Portugal** y **Castilla,** desde fines del siglo XIV, desarrollaban una **gran actividad marítima en el Atlántico.** El propósito de ambos estados era descubrir una **ruta marítima** que condujera **a las Indias,** es decir, Extremo Oriente, para controlar el fabuloso **comercio de las especias.** Los marinos portugueses, apoyados por la Corona, exploraron las islas atlánticas (Madera, Azores) y la costa occidental de Africa. Esperaban alcanzar las Indias por el Este, después de rodear el continente africano.

Cristóbal Colón y los Reyes Católicos

CRISTÓBAL COLÓN, marino genovés de origen oscuro, concibió la idea de **llegar a las Indias por el occidente** y solicitó la ayuda del rey de Portugal,

Reproducción de la nao «Santa María» en el puerto de Barcelona.

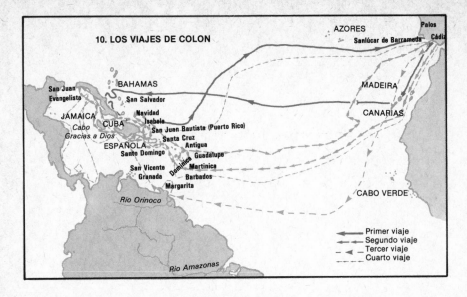

10. LOS VIAJES DE COLON

Primer viaje
Segundo viaje
Tercer viaje
Cuarto viaje

JUAN II. Los portugueses rechazaron el proyecto. Colón llegó entonces a España y **expuso sus planes a los Reyes Católicos,** que se encontraban en el asedio* de Granada.

Después de muchas vacilaciones, los reyes llegaron a un **acuerdo con Colón,** las llamadas *Capitulaciones de Santa Fe* (abril de 1492). En ellas se fijaban los derechos de los reyes y de Colón. El marino recibía los títulos de **Almirante** y **Virrey** de las tierras que descubriera y la **décima parte de los beneficios** obtenidos en la empresa*. Los reyes, por su parte, financiaban la expedición.

Descubrimiento de América

Colón salió del puerto de PALOS DE MOGUER (Huelva) el 3 de agosto de 1492, con **tres barcos** y una tripulación* de 90 hombres. Alcanzó las islas Canarias y, desde allí, se dirigió hacia el Oeste. El **12 de octubre alcanzó,** por fin, **tierra firme***, en GUANAHANÍ, una isla del archipiélago de las Bahamas, llamado por Colón SAN SALVADOR. Colón exploró también la isla de Cuba (JUANA) y Haití (LA ESPAÑOLA). El almirante, convencido de haber llegado a las Indias, regresó a España y fue recibido por los Reyes Católicos en Barcelona.

Los acuerdos con Portugal

Portugal se inquietó* al conocer el éxito del viaje y discutió con España los **límites de expansión de ambos estados.** Finalmente, el tratado de TORDE-

asedio: acción de rodear un lugar fortificado con un ejército para conquistarlo.
empresa: acción, obra.
tripulación: personas que están al servicio de un barco, marineros.
tierra firme: lugar de desembarco.
se inquietó: se preocupó.

SILLAS (1494) reconoció los derechos de España sobre la mayor parte del continente americano. Sólo Brasil quedó dentro del área portuguesa.

Los «viajes menores» de Colón

Colón realizó **tres viajes** más. En ellos exploró las Antillas, la desembocadura del río Orinoco y el istmo de América Central.

Pronto surgieron **graves tensiones entre Colón y los reyes,** que tenían propósitos distintos sobre las nuevas tierras. Colón fue marginado* y murió en Valladolid en 1505, sin saber que había descubierto un *Nuevo Mundo*. Pero ya antes el navegante AMÉRICO VESPUCIO defendió la existencia de un **nuevo continente:** *América.* En 1500, JUAN DE LA COSA dibujó el **primer mapa** de estas tierras.

La primera vuelta al mundo*

En 1513, el **descubrimiento del océano Pacífico** por VASCO NÚÑEZ DE BALBOA —el llamado *Mar del Sur*— confirmó definitivamente la existencia del nuevo continente. Era necesario, por tanto, encontrar un **paso marítimo para llegar a las Indias por el Oeste.** Muchos intentos fracasaron. Finalmente, en 1519, la **expedición** mandada por FERNANDO DE MAGALLANES atravesó América del Sur por un estrecho, que recibió su nombre: el *estrecho de Magallanes.*

El navegante cruzó el océano Pacífico y llegó a las islas MARIANAS y FILIPINAS. Allí fue muerto por los indígenas. El lugarteniente* de la expedición, JUAN SEBASTIÁN ELCANO, completó el viaje por el océano Indico y las costas de Africa (1522). Fue el **primer viaje alrededor de la Tierra.**

Los comienzos de la explotación: el problema de los indios

Mientras, se preparaba la conquista del continente. La **explotación** de las Antillas y costas del mar Caribe tuvo **muchas dificultades.** Los colonos no soportaban el clima húmedo y cálido y los indígenas eran escasos: las enfermedades infecciosas importadas por los españoles, el trabajo duro, la brutalidad de los colonos y el alcoholismo diezmaron* la población indígena.

Los **abusos de los colonos** suscitaron las primeras protestas en favor de los indios. El principal defensor de los indígenas fue el fraile dominico BARTOLOMÉ DE LAS CASAS. La Corona redactó **leyes y disposiciones* para proteger,** educar y evangelizar **a los indios,** las *Leyes de Indias.* Pero los colonos, ambiciosos y sin escrúpulos, las violaron continuamente y el problema de los indios nunca se resolvió.

marginado: apartado.
vuelta al mundo: viaje alrededor del mundo.
lugarteniente: segundo jefe.
diezmaron: causaron muchas muertes.
disposiciones: órdenes, mandatos.

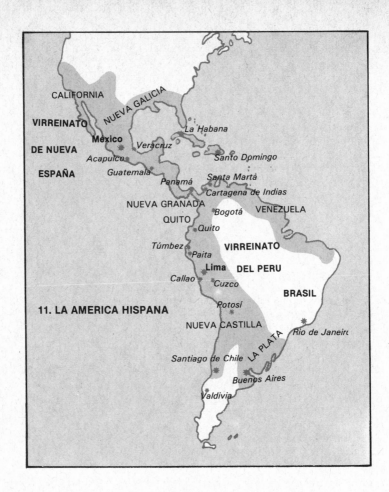

On the map:

CALIFORNIA
NUEVA GALICIA
VIRREINATO
DE NUEVA
ESPAÑA
México
Acapulco
Veracruz
Guatemala
Panamá
La Habana
Santo Domingo
Santa Marta
Cartagena de Indias
NUEVA GRANADA
QUITO
Bogotá
Quito
VENEZUELA
Túmbez
Paita
VIRREINATO
Lima
DEL PERU
Callao
Cuzco
BRASIL
11. LA AMERICA HISPANA
Potosí
NUEVA CASTILLA
Río de Janeiro
LA PLATA
Santiago de Chile
Buenos Aires
Valdivia

La conquista del imperio azteca

La **conquista del continente** partió* de Cuba. El gobernador de la isla confió a HERNÁN CORTÉS el mando de una expedición, que **desembarcó en las costas de Méjico** y fundó la ciudad de VERACRUZ (1519). Hernán Cortés penetró en el interior del país, el **imperio azteca.**

Los aztecas eran un pueblo agricultor y guerrero, que dominaba a las tribus vecinas. Hernán Cortés se alió con algunas de ellas, conquistó la capital del reino, TENOCHTITLÁN, e hizo prisionero a su emperador, MOCTEZUMA. Después de la batalla de OTUMBA, **los españoles dominaron el imperio azteca,** que fue llamado NUEVA ESPAÑA. A él se anexionaron después las tierras de Guatemala y Honduras.

partió: salió.

Hernán Cortés.

La conquista del imperio inca

En 1531 comenzó la **conquista del imperio de los incas,** la civilización más brillante de América del Sur, que se extendía por tierras del Perú, Ecuador, Chile y Bolivia. Dirigió la expedición FRANCISCO PIZARRO, que aprovechó la guerra civil en el imperio entre los hermanos HUÁSCAR y ATAHUALPA. Pizarro hizo prisionero a Atahualpa y lo mandó ejecutar. Luego **conquistó la capital del imperio,** CUZCO, y fundó la ciudad de LIMA (1535), capital del nuevo *virreinato del Perú.*

Otras exploraciones

Después de la conquista de los dos grandes imperios americanos, inca y azteca, tuvo lugar una **enorme actividad** en el continente: se exploraron otras tierras y se fundaron nuevas ciudades.

La **penetración española** fue **muy débil en América del Norte,** por causa de la escasez de población de las Antillas y por dificultades de carácter geográfico. Sólo se exploró el Sureste de los Estados Unidos y la península de la Florida.

La **actividad principal** se concentró **en América del Sur.** A lo largo del siglo XVI fueron explorados los territorios de Venezuela, Colombia, Chile y Argentina y se fundaron, entre otras, las ciudades de MENDOZA, SAN JUAN, TUCUMÁN, CÓRDOBA y BUENOS AIRES.

La organización política de las Indias

Los **territorios americanos se incorporaron a la Corona de Castilla** y fueron divididos en *dos virreinatos,* NUEVA ESPAÑA y PERÚ. Más tarde se añadieron otros dos, el de NUEVA GRANADA (Colombia) y BUENOS AIRES. Los *virreyes* eran personajes de la alta nobleza; representaban al rey y tenían atribuciones militares, administrativas y judiciales.

Dentro de cada virreinato, las *Audiencias* administraban justicia. Finalmente, los *Ayuntamientos* eran los órganos de gobierno de las ciudades, dirigidos por *regidores.*

Los dos **órganos** **centrales de gobierno de las Indias** fueron la *Casa de Contratación* de Sevilla, que dirigía y ordenaba el comercio con América, y el *Consejo de Indias,* órgano supremo de todos los asuntos de América.

Los nuevos factores demográficos de la colonización

La colonización tuvo consecuencias trascendentales para la población de América. El **número de indígenas** —unos doce millones— **disminuyó** a consecuencia de las enfermedades importadas de Europa y del régimen de vida brutalmente impuesto. Para compensar su escasez, se importaron **africanos.** Europeos, africanos e indígenas **mezclaron sus razas** y dieron lugar a un complejo *mestizaje.* No existían prejuicios raciales, pero los blancos estaban convencidos de su superioridad. Los **blancos nacidos en América,** los *criollos,* constituyeron la **minoría dirigente.**

La explotación de los metales preciosos

El principal **móvil económico de la colonización** americana fue la búsqueda y explotación de **metales preciosos,** oro y, sobre todo, plata. Las principales **minas de plata** estaban en Méjico (TAXCO y GUANAJATO) y Perú (POTOSÍ). La cantidad de metal extraído fue enorme. Su **difusión por Europa revolucionó los mercados internacionales.** La Corona española utilizó los metales preciosos para financiar una política exterior costosa y estéril. No se desarrolló, en cambio, la economía ni se crearon nuevas fuentes de riqueza en España con el oro importado de América.

La nueva economía americana

Al principio, la mayoría de los colonos eran mineros y dependían fuertemente de España para satisfacer sus necesidades. Era preciso importar casi todos los productos que consumían en América. Poco a poco se introdujeron cultivos e industrias. Nació así una **economía americana,** que, al lado de la minería, desarrolló actividades agrícolas y ganaderas.

La propiedad de la tierra

La **propiedad de la tierra** fue entregada a los conquistadores, mediante el sistema de *encomiendas*. El colono recibía tierras e indios para trabajarlas. Los indios estaban obligados a cultivar los campos a cambio de recibir protección e instrucción por parte del *encomendero*. Este sistema fue causa de **innumerables abusos,** que las Leyes de Indias intentaron reprimir sin éxito.

Cultivos

Cuando llegaron los españoles existía ya en América una **agricultura** evolucionada. Muchos cultivos americanos fueron llevados a Europa, como la patata o el maíz. Los europeos, por su parte, introdujeron **nuevos cultivos,** como los cereales y la caña de azúcar, y técnicas más avanzadas. La **ganadería,**

Agricultores indios.

en cambio, era muy primitiva. Los europeos introdujeron en América especies como el caballo, la oveja, el cerdo y la vaca. La ganadería se desarrolló extraordinariamente gracias a las favorables condiciones naturales, buenos pastos y amplias extensiones de terreno.

El comercio

El **comercio americano** fue monopolizado por España. La **Casa de Contratación** dirigía el tráfico desde Sevilla. La *flota de Indias* estaba compuesta de barcos mercantes y de escolta. Estos últimos protegían el convoy de los piratas. Los principales **productos de exportación** eran artículos de alimentación y manufacturas. Se **importaban** metales preciosos y productos tropicales. El comercio estaba gravado con impuestos muy elevados, que beneficiaban a la Corona.

*Sala de Carlos V
en el Alcázar de Sevilla.*

Cultura: la obra de la Iglesia

La colonización tuvo un profundo impacto en **las culturas americanas.** Las milenarias culturas indígenas murieron o se degradaron. Sólo se conservaron en parte las lenguas, pero se impuso el **castellano como vehículo de cultura** y medio unitario de comunicación.

La **Iglesia** desarrolló una intensa **labor de cristianización, enseñanza y educación.** Se construyeron iglesias, conventos y hospitales y fueron fundadas universidades, como las de MÉJICO y LIMA.

La labor de los misioneros tuvo aspectos positivos: protegieron a los indios de los abusos de los blancos y se interesaron por las culturas americanas. Pero el paternalismo misionero favoreció un **grave proceso de regresión de las culturas propias indígenas.**

El arte colonial

Los españoles introdujeron en América las **formas artísticas europeas** renacentistas y, sobre todo, barrocas. **Mezcladas con influencias indígenas,** dieron lugar a un *arte colonial* híbrido, caracterizado por su decoración recargada* y una gran fantasía. Ejemplos destacados de **arquitectura colonial** son la catedral de QUITO o la iglesia de SAN AGUSTÍN de Lima.

recargada: demasiado abundante.

66

10. La monarquía española de los Austrias (1517-1700)

El imperio de Carlos I

CARLOS DE HABSBURGO, nieto del emperador de Alemania, Maximiliano, y de los Reyes Católicos, reúne en su persona las herencias de España, Borgoña y la Casa de Austria. Esta herencia es un **imperio mundial,** formado por las Coronas de Castilla y Aragón, con sus dominios en América, Africa e Italia, las posesiones de Borgoña —Flandes, Países Bajos, Luxemburgo y Franco Condado—, los estados de los Habsburgo en Austria y el derecho a la elección como emperador de Alemania.

Estos territorios eran muy diferentes entre sí. El imperio, por tanto, **no tenía unidad geográfica ni coherencia política.** La persona del soberano era el único vínculo de unión entre ellos.

La ideología imperial

Carlos creó una **ideología imperial:** todos los estados cristianos de Europa, la Cristiandad, dirigidos por el emperador, debían unirse para la lucha común contra los turcos. Era, por tanto, un **imperio cristiano de carácter universal.**

Carlos I y su esposa Isabel de Portugal, por Tiziano.

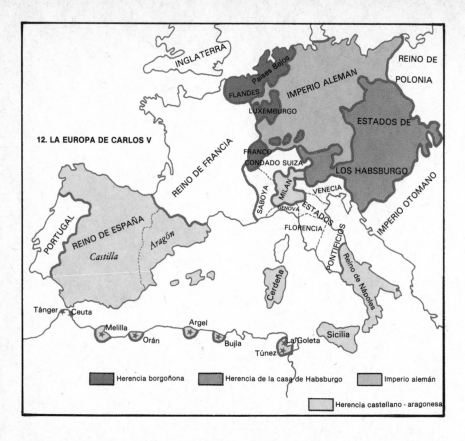

12. LA EUROPA DE CARLOS V

Herencia borgoñona Herencia de la casa de Habsburgo Imperio alemán

Herencia castellano - aragonesa

Pero este ideal era contrario a las **corrientes renacentistas** vigentes en Europa, que defendían la existencia de **estados nacionales** fuertes y compactos. Francia y Alemania se opusieron al ideal de Carlos. Sólo los estados hispánicos siguieron al emperador en su triple lucha contra Francia, los turcos y los príncipes alemanes protestantes. Esta costosa política fue financiada con recursos españoles. Por ello, el **imperio de Carlos I fue, ante todo, español.**

La llegada de Carlos a España. Comunidades y Germanías

Carlos tenía 17 años cuando llegó a España, en 1517. No hablaba castellano y **ninguno de sus compañeros era español.** Los consejeros del rey, soberbios e insolentes, ocuparon pronto los cargos más importantes e impusieron nuevos tributos. Estos hechos **deterioraron la imagen del nuevo monarca** ante la opinión pública española. La situación se agravó cuando Carlos solicitó a las Cortes dinero para financiar su **candidatura al trono imperial** de Alemania.

Efectivamente, **Carlos fue elegido emperador** y salió de España para recibir la corona imperial. Entonces estalló **en Castilla una gran sublevación,** dirigida por la burguesía de las ciudades castellanas, las *Comunidades*.

Los *comuneros* exigían que el monarca respetase las libertades del reino, que alejase a los consejeros extranjeros y que fuera un rey nacional, con residencia permanente en España.

Carlos actuó con inteligencia y se atrajo a la nobleza; los **comuneros**, en cambio, estaban **muy mal organizados**. En 1521, el ejército real venció a los comuneros en VILLALAR. Sus jefes fueron ejecutados y cesó la rebelión. Así se afirmó en Castilla el **absolutismo monárquico**.

Paralelamente tuvo lugar en el reino de Aragón un **movimiento de carácter social**, las *Germanías**. Las clases populares se sublevaron contra la nobleza. Las revueltas fueron reprimidas con dureza.

Carlos regresó a España en 1522. Alejó a los consejeros flamencos y los sustituyó por españoles. Casó con ISABEL DE PORTUGAL y consiguió atraerse al pueblo.

Política imperial: las guerras con Francia

La política imperial de Carlos I pretendía ejercer la **hegemonía sobre la Cristiandad** para mantener la paz. Esto no podía aceptarlo Francia. Su rey, FRANCISCO I, luchó con Carlos para lograr la hegemonía europea. La **rivalidad entre los dos monarcas** absolutistas, cabezas de estados nacionales sólidos, tenía diversas **causas**: ambos habían competido por la Corona imperial y tenían intereses en Italia, especialmente el MILANESADO. Francisco tenía además pretensiones sobre NAVARRA y BORGOÑA.

Las **luchas entre Francia y España** fueron un elemento constante en la política internacional. Las dos naciones buscaron **alianzas** en los otros estados de Europa: Inglaterra, el Papa y las repúblicas italianas. Francisco se alió con los otros enemigos del emperador, los protestantes alemanes y los turcos.

El **punto culminante** de las cuatro guerras entre Francia y España fue la **batalla de** PAVÍA (1525), favorable a Carlos I, que consiguió el Milanesado. Pero Francia continuó siendo un estado fuerte y los problemas con España no quedaron resueltos.

Las guerras contra los protestantes

La **reforma religiosa de Lutero** fue el origen del problema alemán. Los **príncipes alemanes protestantes** negaron la obediencia al emperador y **amenazaban la unidad religiosa del imperio**. Carlos luchó contra este doble peligro, político y religioso, durante todo su reinado.

Intentó primero llegar a un acuerdo pacífico. Para ello reunió *Dietas** en WORMS, SPIRA y AUGSBURGO. Pero las posiciones se radicalizaron. Los protestantes se aliaron (*liga de Smalkalda*, 1531) y declararon la **guerra al emperador**. Carlos venció en la batalla de MÜHLBERG (1547), pero el problema siguió vigente. Finalmente, Carlos, cansado y viejo, entregó a su hermano FERNANDO la Corona imperial (1555). Poco después se firma la paz de AUGSBURGO, que dio **libertad religiosa a los príncipes alemanes**.

Germanías: hermandades.
Dietas: juntas o asambleas donde los representantes de una confederación de estados tratan de asuntos comunes.

Arcabuceros españoles en la conquista de Túnez. Tapiz del siglo XVI.

La lucha contra los turcos

La **lucha contra los turcos** tuvo varios **motivos:** el ideal medieval de Cruzada contra los enemigos de la Cristiandad, la presión turca sobre Europa central y la piratería turca en el Mediterráneo, que amenazaba el comercio y la seguridad de las costas españolas e italianas.

Carlos detuvo a los turcos cerca de Viena y luchó en el Mediterráneo contra el pirata berberisco* BARBARROJA. Obtuvo una **brillante victoria** en TÚNEZ (1535), pero no consiguió conquistar ARGEL. El problema turco no estaba resuelto al final de su reinado.

El fracaso de la política imperial

La complicada **política exterior** de Carlos exigía unos **gastos inmensos,** que fueron **financiados por Castilla** y los dominios americanos. El reino se agotó

berberisco: de Berbería, región del Africa septentrional.

estérilmente y la Corona contrajo* una **enorme deuda*** con banqueros alemanes y genoveses. La debilidad económica impidió una acción política eficaz.

Carlos, agotado, decepcionado y enfermo, **abdicó** en su hijo FELIPE en 1556. El año anterior había entregado la Corona imperial y las posesiones de Austria a su hermano FERNANDO. Carlos se retiró a un apartado monasterio español, YUSTE, y allí murió en 1558.

El imperio español de Felipe II

La monarquía de FELIPE II (1556-1598) es muy distinta a la de Carlos I. Felipe fue un monarca educado en España, que se rodeó* de consejeros españoles y **dirigió sus reinos desde la península.** Pero su política **no tuvo en cuenta los intereses y deseos españoles.** España, sobre todo Castilla, fue sólo una fuente inagotable de recursos económicos para financiar los **intereses de la Casa de Austria** en Europa. La **personalidad** de Felipe II, austero, intransigente, solemne, muy religioso, influyó en el **carácter de la Corte y de la sociedad española** durante siglos.

Felipe fue un monarca sedentario. La mayor parte de su vida vivió retirado en el palacio-monasterio de EL ESCORIAL, cerca de Madrid. Este hecho tuvo importantes consecuencias: el establecimiento de una **Corte fija,** con residencia en MADRID, y un enorme **desarrollo de la burocracia.**

Los problemas económicos

Felipe heredó todos los **problemas** del reinado de su padre y, en primer lugar, el **económico.** Castilla fue la principal perjudicada. Su economía fue aniquilada por las **continuas exigencias monetarias de la Corona.** El monarca inauguró* su reinado con una **quiebra*** estatal. Los enormes ingresos del estado, incluidas las riquezas de América, se invirtieron en la política exterior, pero nunca fueron suficientes. A la muerte del monarca, los ingresos de la Corona eran de 10 millones de ducados*, mientras la deuda alcanzaba los 68 millones.

La represión religiosa

El reinado de Felipe II estuvo caracterizado en el interior por esta **agobiante presión económica** y por el **fanatismo religioso.** El monarca, ardiente defensor del catolicismo, practicó una dura política de represión contra los elementos que pudiesen turbar* la fe religiosa, en especial, protestantes y moriscos.

La **Inquisición** cortó radicalmente los **brotes* protestantes** que habían aparecido en algunas ciudades españolas.

contrajo: quedó obligada.
deuda: obligación de devolver o pagar dinero prestado.
se rodeó: tuvo.
inauguró: comenzó.
quiebra: bancarrota, decisión de no pagar las deudas por falta de dinero.
ducados: moneda de oro española.
turbar: poner en peligro.
brotes: comienzos, primeras manifestaciones.

Más grave fue el **problema morisco,** localizado en el reino de GRANADA. Los **moriscos granadinos se sublevaron** en la región montañosa de las ALPUJARRAS y comenzaron una feroz resistencia. Después de dos años fueron sometidos (1570). Granada quedó arruinada y despoblada: unos moriscos murieron, otros fueron esclavizados; el resto, dispersado por otras regiones de la península.

Las sublevaciones de Aragón

También hay que citar, entre los problemas internos del reinado de Felipe II, los **graves disturbios** que tuvieron lugar en ZARAGOZA, la capital del reino de Aragón. Como consecuencia de ellos, el monarca redujo los privilegios y libertades del reino.

La política exterior

En política exterior Felipe II hizo frente* con éxito a los problemas del reinado anterior, pero surgieron otros nuevos y más graves.

Guerra con Francia

La rivalidad con Francia **se resolvió favorablemente** para España después de la victoria de SAN QUINTÍN (1558). La paz de CATEAU-CAMBRESIS afirmó la **hegemonía española sobre Italia.**

La guerra contra los turcos

Frente al **peligro turco** el monarca español formó parte de una **triple alianza** con el estado de Venecia y el Papa Pío V, la llamada *Liga Santa.* La flota de la liga, dirigida por JUAN DE AUSTRIA, hermano bastardo de Felipe II, consiguió una **importante victoria naval** en LEPANTO (1571). Esta victoria aseguró la libertad del comercio mediterráneo.

Los problemas de los Países Bajos

Pero durante el reinado de Felipe II comenzó la larga **guerra de los Países Bajos,** que se prolongó durante 80 años. Sus **causas** fueron **políticas y religiosas:** el nacimiento del nacionalismo flamenco, contrario a la dominación extranjera, y la extensión del calvinismo*, especialmente en el norte del territorio.

La sublevación fue dirigida por GUILLERMO DE ORANGE y apoyada por Inglaterra y los príncipes protestantes alemanes. Felipe II utilizó todos los **medios para dominar la sublevación.** El DUQUE DE ALBA, nombrado gobernador de los Países Bajos, aplicó durante seis años una **política de extremada dureza.** Instauró un **tribunal de represión** que condenó a muerte a más de 10.000 personas. Pero la rebelión continuó. Fracasaron también los **intentos conciliadores** de JUAN DE AUSTRIA y ALEJANDRO FARNESIO.

La guerra de los Países Bajos se complicó por las **dificultades económicas de la Corona,** enfrentada en 1575 a una segunda bancarrota. Las tropas espa-

hizo frente: se ocupó, intentó resolver.
calvinismo: reforma religiosa predicada por Calvino.

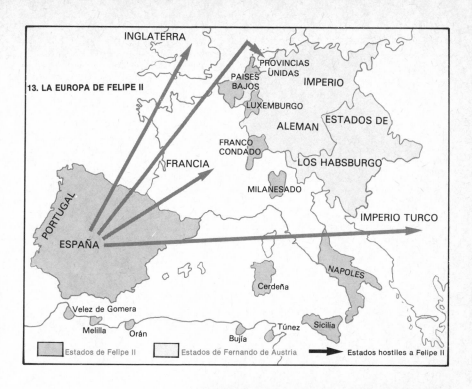

13. LA EUROPA DE FELIPE II

INGLATERRA

PROVINCIAS UNIDAS

PAISES BAJOS

IMPERIO

LUXEMBURGO

ESTADOS DE

ALEMAN

LOS HABSBURGO

FRANCO CONDADO

FRANCIA

MILANESADO

PORTUGAL

ESPAÑA

IMPERIO TURCO

NAPOLES

Cerdeña

Velez de Gomera

Melilla   Orán

Bujía   Túnez   Sicilia

☐ Estados de Felipe II   ☐ Estados de Fernando de Austria   ➤ Estados hostiles a Felipe II

Juan de Austria.

ñolas, mal pagadas, se amotinaron* varias veces. Por fin, en 1598, Felipe II concedió la **autonomía a los Países Bajos,** pero sólo la aceptaron las provincias del sur, católicas (Bélgica). El norte (Holanda), calvinista, bajo Guillermo de Orange, fue prácticamente independiente. El problema flamenco continuó hasta 1648, cuando España reconoció por fin la soberanía holandesa.

La guerra contra Inglaterra

Felipe II se enfrentó también a **Inglaterra** por múltiples causas. La reina ISABEL I, hija de Enrique VIII, apoyaba la lucha flamenca. Marinos ingleses, como DRAKE y HAWKINS, **asaltaban los barcos españoles** de América. Felipe, por su parte, apoyaba a los católicos ingleses, que conspiraban para derribar* del trono a Isabel, protestante, y poner en su lugar a la católica MARÍA ESTUARDO, reina de Escocia.

Isabel ordenó ejecutar a María. **Felipe declaró** entonces **la guerra a Isabel** y envió en 1588 una **gigantesca escuadra** (la llamada *Escuadra Invencible*) para invadir Inglaterra. La **expedición fracasó** y la flota fue destruida. Inglaterra afirmó así desde entonces su poderío naval, mientras declinaba el español.

La unión con Portugal

Fue, sin embargo, un éxito de la política exterior la **unión con Portugal,** deseada desde los Reyes Católicos. Felipe II tenía derecho al trono portugués, vacante en 1580. Tras una breve guerra, Felipe II fue reconocido **rey de Portugal** y se consiguió la **total unidad peninsular** y de los extensos imperios de ambos reinos.

Los últimos años de Felipe II

En los últimos años de su reinado Felipe II estuvo ocupado en preparar una nueva invasión de Inglaterra y en defender los derechos de su hija Isabel al trono vacante de Francia. Esta **política internacional** obligó a nuevos e **importantes gastos,** que arruinaron a Castilla y precipitaron una **tercera bancarrota** en 1596. El monarca fracasó en los dos proyectos. Cuando murió, en 1598, dejaba graves problemas pendientes a su único hijo varón, el príncipe FELIPE.

Felipe III. Los «validos»

Con FELIPE III (1598-1621) se produce un **gran cambio** en la orientación de la monarquía española de los Austrias. Desde ahora, **los reyes ya no gobiernan personalmente.** Vagos, débiles o incapaces, entregaron las funciones de **gobierno a personas de confianza,** que dirigen la política del estado.

Estos *validos* o *privados,* que se sucedieron en el gobierno de los últimos Austrias, fueron hombres ambiciosos, intrigantes e impopulares. Algunos fueron valiosos; otros, por el contrario, incapaces. Pero todos ellos contribuyeron a la

se amotinaron: se sublevaron.
derribar: echar, expulsar.

74

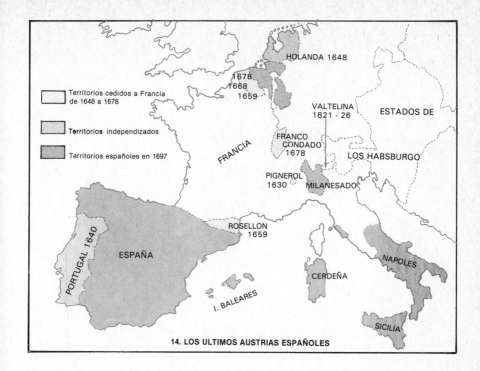

Territorios cedidos a Francia de 1648 a 1678

Territorios independizados

Territorios españoles en 1697

HOLANDA 1648

1678
1668
1659

VALTELINA
1621 - 26

ESTADOS DE

FRANCO
CONDADO
1678

FRANCIA

LOS HABSBURGO

PIGNEROL
1630

MILANESADO

ROSELLON
1659

PORTUGAL 1640

ESPAÑA

I. BALEARES

CERDEÑA

NAPOLES

SICILIA

14. LOS ULTIMOS AUSTRIAS ESPAÑOLES

decadencia progresiva de la Casa de Austria hasta su desaparición, a fines del siglo XVII. Los reyes no pudieron detener la **gran crisis política y económica,** herencia del gigantesco esfuerzo del siglo XVI.

Política exterior de Felipe III

Felipe III liquidó* los problemas exteriores pendientes con una **política pacifista.** Inglaterra y Francia mantuvieron relaciones amistosas con España. El **problema flamenco** se solucionó temporalmente con la *Tregua de los Doce Años* (1609), que reconocía prácticamente la independencia holandesa. Pero en el interior los validos del rey, el DUQUE DE LERMA y luego el DUQUE DE UCEDA, no consiguieron sanear* la economía. Los gastos caprichosos e irresponsables de la Corte **aumentaron la deuda pública,** mientras se incrementaba la **corrupción administrativa.**

La expulsión de los moriscos

El hecho más importante de política interior fue la **expulsión de los moriscos,** los descendientes de los musulmanes bautizados en época de los Reyes Católicos, que ya se habían sublevado durante el reinado de Felipe II.

liquidó: terminó.
sanear: reparar, remediar.

La infanta Margarita María de Austria, por Velázquez.

Los moriscos no se integraron con el resto de la población española. Existían graves **tensiones entre moriscos y cristianos viejos.** Esta drástica medida intentó mantener la **pureza de la religión** y asegurar la **paz social.** Pero la expulsión de los moriscos —alrededor de 300.000 personas— fue **fatal para la economía española,** especialmente para la agricultura.

El reinado de Felipe IV

La desastrosa administración y las complicaciones políticas europeas produjeron una **gran crisis** durante el reinado de FELIPE IV (1621-1665). El monarca dejó el gobierno en manos del CONDE-DUQUE DE OLIVARES. El valido era honrado, pero ambicioso y sin capacidad política.

España en la guerra de los Treinta Años

España, agotada y empobrecida, se vio obligada a **intervenir en el gran conflicto bélico europeo,** la *Guerra de los Treinta Años* (1622-1648), en apoyo del imperio austríaco. Los intereses familiares de los Austrias triunfaron sobre los intereses nacionales.

Los ejércitos españoles alternaron los éxitos con los fracasos contra Inglaterra, Holanda y Suecia. Pero la **intervención abierta de Francia** desde 1635 en contra del eje España-Austria fue decisiva. Los generales franceses CONDÉ y TURENA vencieron a las tropas españolas en ROCROI (1643). Este **tremendo desastre** significó el **fin del poder militar español.** Poco después, la paz de WESTFALIA (1648) puso fin a la guerra. España reconoció la independencia de Holanda y terminó para siempre el predominio de los Habsburgo en Europa.

La guerra contra Francia

España continuó la **guerra con Francia** once años más, hasta el límite de sus fuerzas. La paz de los PIRINEOS (1659) supuso la **decadencia española.** Francia anexionó una gran parte de los dominios españoles en Europa (Rosellón, Artois y Luxemburgo).

La crisis interior: la revuelta de Cataluña, Portugal y otros reinos

Esta desafortunada política exterior abrió una **grave crisis interna.** Castilla había financiado hasta entonces en exclusiva los gigantescos gastos de la Corona. El Conde-Duque de Olivares decidió la **unificación legislativa y fiscal de los reinos españoles** para aumentar los recursos. Este grave **atentado* a privilegios centenarios** dio lugar a una rebelión generalizada.

La **sublevación** comenzó en **Cataluña** (1640). Los catalanes asesinaron a las autoridades reales y solicitaron la ayuda de Francia. La guerra duró doce años, hasta que el ejército real conquistó Barcelona y el monarca confirmó los privilegios catalanes (1652).

Portugal aprovechó la guerra de Cataluña para **sublevarse.** El DUQUE DE BRAGANZA fue proclamado **rey** con el nombre de JUAN IV. Los portugueses recibieron la ayuda de Inglaterra y Francia. Las complicaciones de la política exterior y la guerra de Cataluña impidieron atajar* la **sublevación,** que continuó durante **todo el reino de Felipe IV.** En 1668, finalmente, bajo Carlos II, Portugal recuperó su **independencia.**

Otras sublevaciones tuvieron lugar en Aragón, Vizcaya, Andalucía, Nápoles y Sicilia, pero fueron fácilmente sofocadas.

Carlos II. El caos del estado

El **caos político y administrativo** de España se agudizó tras la muerte de Felipe IV. El heredero del trono, CARLOS II (1665-1700) era un niño enfermizo y deficiente mental. Los consejeros y validos que ejercían las tareas de gobierno precipitaron la total **ruina del país.** Luis XIV de Francia aprovechó la impotencia de España para anexionar las últimas posesiones de los Habsburgo en Europa, después de tres guerras (1667-1687).

atentado: ataque, abuso.
atajar: detener, acabar con.

El problema de la sucesión al trono

El **problema de la sucesión** fue el acontecimiento más importante del reinado de Carlos II, ya que no tuvo hijos. Las potencias europeas firmaron pactos para repartirse los reinos hispánicos e intrigaban en la Corte española a favor de sus respectivos **candidatos**. Finalmente fue nombrado **heredero** FELIPE DE ANJOU, nieto de Luis XIV.

La guerra de Sucesión

Esta elección desencadenó una **guerra** en Europa, la *guerra de Sucesión* a la Corona española (1700-1713). Alemania, Inglaterra y Holanda firmaron la *Gran Alianza de La Haya* (1701) contra Francia y España, para apoyar los derechos del ARCHIDUQUE CARLOS de Austria, hijo del emperador de Alemania. Portugal y Saboya se unieron también a la alianza.

La **guerra internacional** fue también una **guerra civil:** los reinos de Cataluña, Aragón y Valencia apoyaban al Archiduque, mientras el resto de España re- conocía* a Felipe de Anjou. La paz de UTRECH (1713) puso fin a la guerra. **Felipe** fue reconocido **rey de España** y se instauró una **política de equilibrio europeo,** en la que Francia perdió su posición hegemónica. Todas las posesiones europeas de España se perdieron. Inglaterra fue la gran beneficiada. Recibió Menorca y Gibraltar e importantes derechos sobre el comercio de América. Así se instauró en España la **nueva dinastía** de los BORBONES.

reconocía: aceptaba como rey.

11. Estado, sociedad y cultura de la España de los Austrias

La Corona española

La unión de Castilla y Aragón fue una simple **unión dinástica,** no una verdadera unión nacional. Aunque todos los territorios peninsulares tuvieron los mismos reyes (incluido Portugal, entre 1581 y 1688), **cada reino conservó sus instituciones, leyes, moneda y aduanas*.** Hay que añadir a estos reinos los territorios extrapeninsulares de Europa y América.

La preeminencia castellana

Todos los reinos no tuvieron la misma importància. **Castilla** mostró una **clara superioridad** por factores demográficos, económicos y geográficos.

En primer lugar, **Castilla estaba más poblada** que los otros reinos. El 80 por 100 de la población total de la península era castellana, unos seis millones de habitantes. La expansión española en el siglo XVI fue una **expansión castellana,** porque los hombres y el dinero eran de Castilla. Los reyes pudieron imponerse a los nobles, las ciudades y las Cortes de Castilla y consiguieron los recursos económicos necesarios para emprender* su política exterior, mientras los otros reinos peninsulares, protegidos por privilegios, lograron evitar estas imposiciones económicas. Castilla tenía además una **posición geográfica central** en la península.

Esta superioridad sobre los demás reinos fue la causa de la extensión del **castellano como idioma español** y vehículo de la cultura española. Pero el **protagonismo político de Castilla** fue también la causa de su **ruina.** El reino se agotó* en empresas* contrarias a sus intereses, mientras los restantes territorios peninsulares miraban con indiferencia o disgusto* el **centralismo** castellano.

Los órganos de gobierno

Los reyes utilizaron diversas instituciones para gobernar sus reinos. La **Corte** residía en Castilla (Valladolid, Toledo y Madrid, desde 1561); en los otros reinos había un **virrey,** que representaba al monarca.

Existían también varios **Consejos,** que resolvían asuntos concretos, de carácter legislativo, económico, militar... Los dos Consejos principales fueron el **Consejo de Estado,** que intervenía en los asuntos de política exterior, y la **Inquisición,** que velaba por la unidad religiosa de los reinos de España.

aduanas: oficinas públicas de un estado donde se cobran derechos por la entrada o salida de mercancías.
emprender: llevar a cabo, realizar.
se agotó: se debilitó, se consumió.
empresas: acciones.
disgusto: desagrado, desaprobación.

Estos Consejos eran solamente órganos de consulta. El **rey** tenía siempre el **derecho de decisión** e intervenía personalmente en los asuntos del reino. Existían, en cambio, muy pocos ministros. Desde comienzos del siglo XVII, sin embargo, los reyes abandonaron los asuntos de estado en manos de **consejeros** o *validos.*

Los factores negativos de la economía española

La política exterior

La **economía** de la España de los Austrias estuvo muy **afectada por la política exterior** de los monarcas. Los reyes de la Casa de Austria intentaron imponer en Europa una **política de hegemonía,** basada en la unidad católica, el imperio universal católico de los Habsburgo. Esta política no tuvo en cuenta los intereses nacionales, sino solamente los **intereses de la dinastía** y era contraria a las tendencias dominantes en Europa.

En esta época se crean las grandes **nacionalidades** (Inglaterra, Francia, Holanda...), se afirma la **pluralidad religiosa** (estados católicos y protestantes) y se protege la **economía nacional** *(mercantilismo).* La **política de los Austrias, contraria a todas estas tendencias,** estaba destinada al fracaso*. Pero los monarcas hispanos sacrificaron la prosperidad de sus reinos a este ideal imposible. No crearon riqueza, ni impulsaron la economía; al contrario, exigieron continuamente hombres y dinero. Así, **empobrecieron y arruinaron al país.**

El oro de América

Otro factor negativo para la economía española fue la entrada masiva de **metales preciosos** procedentes **de América,** que provocaron la **subida de los precios** en los productos españoles. Esto perjudicó* al comercio de España y favoreció, en cambio, al extranjero. España gastó todo el oro americano en pagar los **productos manufacturados importados** de Europa, en lugar de crear industrias nacionales. Las inversiones internas no beneficiaban a la economía; eran solamente **gastos de lujo,** como construcciones monumentales, obras de arte, etc.

La demografía

La gran crisis económica de la España de los Austrias tuvo también **causas demográficas.** La península sufrió una **gran despoblación** que tuvo varias causas: la guerra, la emigración a América, la expulsión de los moriscos, epidemias y hambres. La población, que había llegado a ocho millones en 1600, descendió a siete millones en 1700.

El intervencionismo de la Corona

La **intervención de los monarcas en la economía** tuvo efectos catastróficos. La necesidad creciente de dinero obligó a los reyes a **vender muchos pueblos**

destinada al fracaso: sin posibilidad de éxito, necesariamente adversa.
perjudicó: ocasionó daños, problemas.

Moriscos de España, en un grabado del siglo XVI.

pertenecientes a la Corona. Los nobles los compraron y los convirtieron en **señoríos.** Con ello aumentaron su poder y riquezas, mientras las clases humildes cayeron bajo la dependencia económica y jurídica de la nobleza.

Los monarcas consiguieron también mucho dinero mediante **préstamo de banqueros extranjeros,** lo que aumentó mucho la **deuda exterior.**

Otro medio de conseguir recursos para la Corona fue la **venta de los cargos públicos*,** lo que fomentó la **corrupción administrativa.**

La sociedad de los Austrias

Las **desigualdades sociales** estaban muy marcadas en la época de los Austrias. Existía una **minoría privilegiada,** formada por la nobleza y el clero. Las condiciones económicas fueron favorables al **aumento de estos privilegiados.** Su principal ventaja era la de **no pagar impuestos directos.** Los plebeyos* ricos compraban cargos, no sólo como medio de promoción social, sino también para no pagar impuestos.

Las **cargas económicas** cayeron poco a poco sobre los **sectores más humildes** de la población, que fueron explotados por los nobles y por la Corona. Por ello **aumentaron peligrosamente los grupos marginados*,** vagabundos*, mendigos y bandoleros*. Era una consecuencia de la **grave crisis de la sociedad española.**

cargos públicos: empleos directivos de la administración del estado.
plebeyos: personas que no pertenecen a las clases privilegiadas; el pueblo.
marginados: rechazados por la sociedad; que viven sin seguir sus reglas.
vagabundos: personas sin domicilio fijo y, generalmente, sin ingresos regulares.
bandoleros: bandidos, ladrones.

La cultura: el Siglo de Oro

La época de los Austrias es el *Siglo de Oro* de la **civilización española**. Las actividades culturales y artísticas, llenas de vitalidad, maduran en los siglos XVI y XVII con rasgos profundamente originales. El **castellano,** convertido en idioma universal, se desarrolla como **instrumento de cultura.**

La Contrarreforma

Sin embargo, la **cultura oficial** tuvo caracteres negativos. El espíritu del Renacimiento, que triunfó en España en la primera mitad del siglo XVI, fue ahogado por la *Contrarreforma,* la respuesta de la Iglesia católica a la reforma religiosa de Lutero. **España fue la base de este movimiento espiritual,** que se expresó en el Concilio de TRENTO. En este ambiente surgieron importantes **teólogos** y **juristas,** como FRANCISCO DE VITORIA, MELCHOR CANO o DOMINGO DE SOTO.

La **Inquisición** procuró mantener la pureza de la fe católica y ejerció un fuerte **control sobre el pensamiento.** Muchos artistas y escritores fueron perseguidos, como Cervantes o Fray Luis de León. Existió una fuerte **censura de libros,** que estorbó* el desarrollo de la ciencia. La Inquisición también **controló las Universidades,** que perdieron poco a poco su vitalidad y se convirtieron en instituciones rutinarias.

El pensamiento

Pero, al margen de la cultura oficial, el **pensamiento español** se manifestó con enorme fuerza y vitalidad, con una actitud crítica e independiente. Destaca el valenciano JUAN LUIS VIVES (1492-1520), que difundió en España las doctrinas de Erasmo.

La literatura

Se cultivaron durante esta época todos los **géneros literarios.** La **poesía del Renacimiento,** importada de Italia, tiene dos magníficos representantes, BOSCÁN y GARCILASO DE LA VEGA. Pero pronto se impuso una **poesía original de raíces españolas.** En el siglo XVI destaca en la **poesía lírica** el salmantino* FRAY LUIS DE LEÓN y el sevillano FERNANDO DE HERRERA. El mejor **poeta épico** fue ALONSO DE ERCILLA, que cantó en *La Araucana* la conquista de Chile.

En el siglo XVII, las **corrientes culturales del Barroco** dieron lugar en España a **dos escuelas literarias contrapuestas,** representadas por FRANCISCO DE QUEVEDO y LUIS DE GÓNGORA.

El **teatro** y la **prosa literarias** son los dos géneros que mejor expresaron la **realidad compleja del pensamiento y la sociedad española** de los Austrias. El **teatro español** del Siglo de Oro condensa los problemas e ideales de la época. Los tres principales dramaturgos son LOPE DE VEGA, CALDERÓN DE LA BARCA y TIRSO DE MOLINA.

La **prosa narrativa** describe la realidad diaria de la España de los Austrias, con una mezcla de humor y amargura*. MIGUEL DE CERVANTES **crea la novela**

estorbó: puso obstáculos, impidió.
salmantino: natural de Salamanca.
amargura: pesimismo y tristeza.

Portada
de la primera edición
del «Quijote».

moderna con su obra *El Ingenioso Hidalgo Don Quijote de la Mancha*. La **novela** *picaresca* describe la cruda realidad de las clases sociales marginadas, pícaros*, vagabundos y mendigos, la otra cara de la moneda de la España imperial. *El Lazarillo de Tormes*, de autor desconocido, es una obra maestra de este género, cultivado por muchos escritores, como QUEVEDO, MATEO ALEMÁN y VICENTE ESPINEL.

Las artes plásticas

Las **artes plásticas** alcanzan también en la España de los Austrias un **momento cumbre**. España participa en los dos movimientos artísticos sucesivos del arte universal de los siglos XVI y XVII, el Renacimiento y el Barroco.

pícaros: personas que viven del engaño y del robo, siempre al borde de la ley.

El Renacimiento

La **arquitectura renacentista** comenzó en la época de los Reyes Católicos a mezclarse con el gótico tardío. Ahora, en el siglo XVI, triunfa plenamente con obras de gran pureza y belleza, como el PALACIO DE CARLOS V y la CATEDRAL de Granada o el ALCÁZAR de Toledo. Este estilo renacentista se simplifica al máximo en las obras de JUAN DE HERRERA, autor del MONASTERIO de El Escorial, el edificio más característico de la época de Felipe II.

La **pintura** y la **escultura** siguen también modelos italianos. Los temas son casi exclusivamente religiosos. El pintor más interesante es el griego DOMENICO THEOTOKOPOULOS, más conocido como EL GRECO (1550-1614), que expresa la religiosidad de la época con un rico colorido oriental.

El Barroco

Pero los **grandes maestros de las artes plásticas** del Siglo de Oro español pertenecen al Barroco. La exuberante decoración, las formas retorcidas* y sobrecargadas del Barroco son el vehículo de expresión de la sociedad española, opulenta y decadente, de los últimos Austrias.

JOSÉ DE CHURRIGUERA destaca en **arquitectura**. El ha dado nombre al **Barroco español,** el llamado *churrigueresco,* con obras como la PLAZA MAYOR de Salamanca o la FACHADA DEL OBRADOIRO de la Catedral de Santiago de Compostela.

La **pintura** es la manifestación artística del Barroco español de mayor valor universal. DIEGO VELÁZQUEZ (1599-1660) es, sin duda, uno de los **pintores más**

retorcidas: complicadas, con predominio de las líneas curvas.

La fragua de Vulcano, por Velázquez.

grandes de todos los tiempos. Los temas de su obra, religiosos, mitológicos o de la vida diaria, están tratados con profundo realismo y conocimiento de la naturaleza. A su lado hay que mencionar a JOSÉ RIBERA, JOSÉ CARREÑO, CLAUDIO COELLO y los pintores de la llamada **escuela sevillana,** HERRERA, ZURBARÁN y MURILLO.

La **escultura barroca española** más interesante es la de temas religiosos, realizada en madera policromada*. JUAN MARTÍNEZ MONTAÑÉS, ALONSO CANO, PEDRO MENA y GREGORIO HERNÁNDEZ dan vida a imágenes realistas, dramáticas y expresivas.

policromada: pintada con colores.

12. La España del siglo XVIII

La dinastía de los Borbones

FELIPE V (1700-1746), nieto del rey de Francia, Luis XIV, es el primer rey español de la **dinastía de los Borbones**. Esta dinastía introduce en España **nuevas formas políticas e institucionales** e importantes **reformas** frente a la monarquía de los Austrias.

La monarquía absoluta

La Corona española perdió todas sus posesiones europeas, pero tenía aún el inmenso imperio americano y seguía siendo una de las primeras potencias de Europa en el siglo XVIII. Los Borbones desarrollaron un **proceso de fortalecimiento de la monarquía absoluta,** a imitación de la Francia de Luis XIV, y una **nueva idea de estado,** basada en el fortalecimiento del poder real.

Centralización del estado

La guerra de Sucesión permitió a Felipe V introducir **cambios** importantes **en la estructura de los reinos de España.** La Corona de Aragón, que había apoyado al pretendiente Carlos de Austria, perdió sus instituciones propias y sus privilegios. El **gobierno** del país **se centralizó** y se adaptó a las leyes de Castilla. Sus Cortes quedaron integradas en las Cortes castellanas.

Los Borbones debilitaron los antiguos Consejos de los Austrias, órganos de gobierno dirigidos por la alta nobleza, y los sustituyeron por **Secretarías de Estado** o **Ministerios.** Crearon también unos **nuevos funcionarios,** los *intendentes,* que controlaban y vigilaban los intereses de la monarquía, especialmente la recaudación* de impuestos, en cada provincia o reino.

La recuperación económica

Frente a la política de hegemonía europea de los Austrias, **los Borbones** se dedicaron más a **fortalecer el poder en el interior del estado** y a **aumentar la riqueza nacional.** España siguió una **política de neutralidad exterior,** pero se fortaleció el ejército y la marina. Fue reorganizada la **Hacienda** para mejorar el tesoro público y se introdujeron nuevos impuestos.

recaudación: cobro.

Monedas de la época de Felipe V (1700-1746).

El Despotismo Ilustrado

El *Despotismo Ilustrado* de los Borbones aspiraba a una **administración eficaz** como medio de mejorar las condiciones de vida de los súbditos*. También se preocuparon los monarcas de **proteger y fomentar las fuentes de riqueza** del país. Facilitaron el comercio y ayudaron al desarrollo de la industria privada y de la Corona, las llamadas *Fábricas Reales,* que producían artículos de lujo (vidrios, cerámicas y tapices).

La política agraria

Pero, sobre todo, se intentaron solucionar los graves problemas de la **agricultura.** Se aumentaron los terrenos de cultivo y se introdujeron **nuevas plantas,** como el maíz. Fueron realizadas importantes **obras de regadío** y se suprimieron las aduanas en el interior de la península. Los privilegios que había gozado la *Mesta,* asociación de ganaderos, fueron abolidos.

Los problemas del campo*

Pero estas **reformas** fueron **ineficaces** para solucionar los problemas del campo. Existían todavía muchas propiedades señoriales y de la Iglesia, que presionaban a los agricultores. Hubo algunos pequeños **intentos de reforma agraria** que **no prosperaron,** porque se mantuvieron las bases tradicionales de la propiedad.

súbditos: personas bajo la autoridad del rey, obligadas a obedecerle.
campo: agricultura.

15. ESPAÑA TRAS EL TRATADO DE UTRECH (1714)

Territorios cedidos a Austria

● Territorios cedidos a Inglaterra

Territorios cedidos a Saboya

Territorios cedidos a Paises Bajos

Las relaciones de la Corona con nobleza e Iglesia

La **monarquía absoluta** de los Borbones, a pesar de todo, tenía que **compartir* el poder** con otras instituciones, la **jurisdicción señorial** y la **Iglesia.** Desde época medieval el territorio peninsular estaba dividido entre el rey, por una parte, y los nobles y la Iglesia, por otra. Los Borbones procuraron **incorporar señoríos a la Corona,** pero no tuvieron éxito. Sin embargo, el poder del rey en los señoríos fue, en general, grande. Los **señores** estuvieron **subordinados a la monarquía,** porque la **nobleza** estaba **al servicio de la Corona.**

En cambio, las **relaciones con la Iglesia** fueron bastante **tensas,** porque los monarcas querían intervenir en el nombramiento de los cargos eclesiásticos, reservados al Papa. Durante el reinado de Carlos III (1767) **se expulsó** de todos los reinos de España **a la Compañía de Jesús** (jesuitas), orden religiosa cuya riqueza, poder y fidelidad al Papa eran contrarios a los intereses reales.

compartir: dividir, participar con otro.

En general, los **nobles y el clero** tuvieron un **peso menor** en el estado borbónico. España, desangrada* y empobrecida, recuperó, gracias a la reorganización del estado, su posición internacional y volvió a ser un **estado fuerte.**

La política exterior

La **política exterior** de los Borbones del siglo XVIII se basó en la **alianza y amistad con Francia,** no sólo por razones familiares y dinásticas, sino por **intereses nacionales.** En cambio, fue constante la **rivalidad con Inglaterra,** que deseaba controlar el comercio americano.

El reinado de Felipe V

Durante el reinado de FELIPE V (1700-1746) la **política exterior** estuvo muy influida por ISABEL DE FARNESIO, segunda esposa del rey, que deseaba **recuperar las posesiones españolas en Italia,** cedidas a Austria por el tratado de Utrech. Las acciones militares españolas en Italia dieron lugar a la formación de la **Cuádruple Alianza** (Francia, Inglaterra, Holanda y Autria), que obligó a España a retirarse de Italia.

Desde 1731 **España colaboró con Francia** como consecuencia de los llamados *Pactos de Familia.* Estos pactos obligaban a España a intervenir como **aliada de Francia** en todos los conflictos europeos. Esta política proporcionó a España el **reino de Nápoles y Sicilia,** con lo que se cumplían los deseos de Isabel de Farnesio.

Fernando VI

El reinado de FERNANDO VI (1746-1759) significó el **triunfo de las ideas pacifistas.** España se mantuvo estrictamente **neutral en política exterior.** La paz exterior hizo posible fomentar la **recuperación interna** y administrar más atentamente las colonias americanas. Pero la neutralidad no significó debilidad. Fernando VI impulsó la **construcción de una poderosa marina de guerra** para proteger los intereses españoles en América.

Carlos III

CARLOS III (1759-1788) continuó esta política exterior nacional dirigida a defender el comercio español con América. La **alianza con Francia** (Pacto de Familia de 1761) obligó a España a intervenir en la **Guerra de los Siete Años** contra Inglaterra y Portugal. El tratado de PARÍS (1763) significó para España la pérdida de LA FLORIDA y de la colonia americana de SACRAMENTO.

Pero la paz permitió desarrollar un amplio **programa de reformas interiores económicas y religiosas.** El clero y la nobleza, perjudicados con estas reformas, provocaron una gran **revuelta popular** en Madrid y provincias, el llamado *motín de Esquilache.* En 1772, como dijimos, se produjo la **expulsión de los jesuitas.**

desangrada: sin fuerza, debilitada.

Carlos III (1759-1788).

En 1779 España intervino directamente en la **guerra de independencia de las colonias inglesas** de América. El tratado de VERSALLES (1783), que reconoció la independencia de las colonias, tuvo también ventajas para España.

En 1788 murió Carlos III, un año antes de estallar* la **Revolución Francesa.** Su hijo Carlos, heredero de la Corona, tuvo que afrontar los **difíciles problemas de finales de siglo** y cuestionó* la lenta labor de recuperación de sus antecesores en el trono.

Carlos IV

CARLOS (1788-1808) abandonó los asuntos de estado en manos de un hombre ambicioso, MANUEL GODOY, que fue el **verdadero gobernante.** Cuando Luis XVI de Francia fue decapitado, España se alió a Inglaterra, Rusia, Prusia y Austria contra la joven República Francesa. En 1795 se firmó la paz de BASILEA, en la que España cedió a Francia la isla de SANTO DOMINGO. Desde entonces España siguió una **política de amistad con Francia** y se vio envuelta en las guerras de NAPOLEÓN.

estallar: ocurrir un hecho violento.

90

La alianza con Francia y la guerra contra Inglaterra

El **tratado** de SAN ILDEFONSO de 1801 con Napoleón exigió que España entrase en **guerra contra Portugal,** aliada de Inglaterra. Esta guerra no tuvo consecuencias serias. Fue mucho más grave la **guerra directa con Inglaterra.** La **flota española,** unida a la francesa, fue **destrozada completamente** en TRAFALGAR por la escuadra inglesa mandada por el almirante NELSON (1805).

Muerte del almirante Nelson, a bordo del «Victory», en la batalla de Trafalgar.

La invasión de España por Napoleón

España siguió sirviendo los intereses de Napoleón. En 1806, por el **tratado** de FONTAINEBLEAU, Napoleón recibió autorización para entrar tropas en España, con las que pensaba invadir Portugal, la aliada de Inglaterra. El tratado era sólo una **trampa.** El ejército francés, al mando de MURAT, avanzó hacia Madrid. Entonces se descubrió que los **propósitos de Napoleón** eran **conquistar España.** Pero **el pueblo** reaccionó y **se sublevó** en ARANJUEZ, cerca de Madrid, donde se había refugiado la Corte. Godoy fue detenido y Carlos IV tuvo que abdicar en su hijo Fernando. Pero ya Madrid estaba ocupada por las tropas francesas. Así comenzó la **Guerra de la Independencia** (1808).

cuestionó: puso en peligro.

91

La sociedad de la Ilustración

La llamada *Ilustración* española fue un **siglo de grandes reformas,** pero ninguna de ellas cambió radicalmente el país. Las clases privilegiadas se opusieron con firmeza al cambio. A pesar de las reformas, **permaneció firme la estructura social** del *Antiguo Régimen,* basada en los privilegios de unos estamentos* sobre otros.

La **nobleza** mantuvo sus privilegios legales y siguió controlando la dirección del ejército, la Iglesia y la burocracia. También el **clero** disfrutó de sus privilegios tradicionales y de las riquezas acumuladas en los siglos anteriores.

Nobleza y clero eran el 10 por 100 de la población. El resto, la gran mayoría, formaba el llamado *estado llano* o *general,* integrado por grupos *muy complejos.* La mayor parte (el 90 por 100) eran **campesinos.** Aunque había propietarios ricos, la situación económica general de los campesinos era muy precaria* y, en algunos lugares, insostenible*. La **población urbana** se dedicaba a actividades múltiples, de las cuales la principal era el comercio. También creció en las ciudades un **proletariado** sin recursos económicos, peligroso para la estabilidad social.

La cultura de la Ilustración

La cultura del siglo XVIII está dominada por la *Ilustración,* el triunfo de la razón y el espíritu crítico como medio de «instruir», es decir, **educar al pueblo,** y **desarrollar la riqueza nacional.**

La enseñanza

Es lógico que la **enseñanza** tuviese un puesto muy importante en este programa. Pero la enseñanza en España, tradicional y rutinaria, necesitaba primero **reformas radicales** y una completa modernización. A ello **se oponían los intereses de la nobleza y el clero.**

Ciencia y técnica. Las Academias

A pesar de los esfuerzos realizados, el problema de la enseñanza universitaria no se resolvió. Pero **la ciencia y la técnica** hicieron grandes progresos. En realidad, el siglo XVIII fue la época de **introducción en España de la ciencia moderna.**

Al margen de la Universidad, aparecieron numerosos **centros culturales.** Los más importantes fueron las *Academias,* que aún mantienen su vitalidad, como la de la **Lengua, Historia, Bellas Artes** o **Medicina.** También hay que mencionar las *Sociedades Económicas de Amigos del País,* centros encargados de estudiar las reformas necesarias para promover la cultura y la economía de cada región española.

estamentos: clases sociales reconocidas como tales por el estado.
precaria: difícil, insegura.
insostenible: insuficiente para vivir.

El arte

Durante la primera mitad del siglo XVIII continuaron las **tendencias artísticas del Barroco,** con fuerte influencia francesa (estilo *rococó*). Las dos **obras arquitectónicas** más monumentales son el PALACIO DE LA GRANJA (Segovia) y el PALACIO REAL de Madrid. La **arquitectura neoclásica,** severa y racional, triunfa en España desde la mitad del siglo XVIII, con obras como el MUSEO DEL PRADO o la PUERTA DE ALCALÁ de Madrid.

La Puerta de Alcalá, construida durante el reinado de Carlos III. Madrid.

La mayor parte de los **pintores** importantes **del siglo XVIII** en España fueron **extranjeros,** como MENGS o JORDAN. Sin embargo, a mediados de siglo, surge un **pintor español, auténtico genio universal,** FRANCISCO DE GOYA (1746-1828). Goya fue pintor de la Corte. Su producción es muy abundante y variada. Constituye, sin duda, el **mejor documento de la sociedad de su época.** La técnica del pintor recoge magistralmente luces y colores, espacios y volúmenes. Pero, sobre todo, sabe interpretar el alma y el carácter de los seres humanos. La obra de Goya es una **lección de arte** en la que se suceden los estilos más variados, desde el rococó al surrealismo.

13. La primera mitad del siglo XIX: absolutistas y liberales

Mientras el **pensamiento liberal** impulsa* el desarrollo técnico e industrial de las naciones de Europa, España, en la primera mitad del siglo XIX, lucha para imponer este pensamiento. Es una lucha cruel y larga. Las presiones absolutistas, la crisis económica, los problemas sociales generan en España golpes de estado, guerras civiles, represiones, corrupción y violencia antes de que el régimen liberal se afirme definitivamente como forma de estado. Durante esta **lucha entre la tradición absolutista y la renovación liberal,** España pierde su imperio colonial, Reducida a pequeña potencia, inicia, a mitad de siglo, una lenta recuperación económica.

La ocupación francesa. José I

El siglo comienza en España con un **proceso revolucionario,** la **Guerra de la Independencia** (1808-1814). Carlos IV y su hijo Fernando **abdicaron** sus **derechos** a la Corona **en Napoleón,** que había ocupado España con sus tropas. Pero **el pueblo se rebeló** y decidió oponerse a la invasión. Se crearon varias **Juntas* Provinciales,** que **asumieron el poder** al margen de las instituciones de gobierno y luego constituyeron una **Junta Central.** La **soberanía popular** sustituyó así, en un verdadero **proceso revolucionario,** a la soberanía monárquica.

Napoleón, entonces, decidió nombrar a su hermano José, **rey de España** y establecer una Constitución. Muchos españoles, partidarios de una reforma, pero temerosos del régimen popular revolucionario, aceptaron al nuevo rey. Estos *afrancesados* fueron odiados por el pueblo, que los acusó de traidores.

La guerra de la Independencia

La **resistencia popular armada** contra la ocupación francesa se reforzó con **ayuda inglesa.** Los éxitos de los rebeldes obligaron a **Napoleón** a **dirigir personalmente la guerra** de España (1809). Toda la península fue ocupada por los franceses, excepto Cádiz y Lisboa. Pero fue necesario mantener en la península un **gigantesco ejército** para hacer frente a la **lucha revolucionaria** de las *guerrillas.* Las guerrillas eran pequeños grupos armados, apoyados por la población civil, que realizaban ataques por sorpresa, rápidos y eficaces. La campaña de Napoleón en Rusia (1812) obligó a evacuar parte del ejército de ocupación. Comenzó entonces una **gran ofensiva del ejército aliado inglés, español y portugués.** A principios de 1814 fue liberado el país, que estaba arruinado y exhausto.

impulsa: favorece, estimula.
Juntas: conjunto de individuos que se reúnen para encargarse del gobierno de una comunidad.

16. LA GUERRA DE LA INDEPENDENCIA

◄ Avance de Napoleón (1808)
◄ Avance de Soult (1809)
◄ Ataques ingleses (1812)
✳ Batallas
✳ Ciudades sitiadas

La Constitución española de 1812

La Junta Central popular no sólo organizó la lucha durante la guerra de la Independencia. Consiguió que unas **Cortes Constituyentes,** reunidas en Cádiz, **redactaran y promulgaran la primera Constitución Española,** en 1812. Esta Constitución, inspirada en ideas liberales, establecía como **régimen de estado** la **monarquía constitucional,** con dos **principios básicos:** la soberanía nacional y la división de poderes. El rey no recibe de Dios el poder absoluto. Este corresponde a la nación. El poder ejecutivo recae en el monarca; el legislativo, en las Cortes, y el judicial, en los tribunales.

Esta Constitución, sin embargo, no fue aceptada por **muchos sectores** del país (nobles, eclesiásticos y campesinos), que **deseaban la restauración del absolutismo.** Fueron los llamados *realistas* o *absolutistas,* que se enfrentaron a los partidarios de la constitución, o *liberales.*

El reinado de Fernando VII

Napoleón devolvió la corona de España a Fernando VII en 1813. Las Cortes querían obligar al rey a jurar lealtad a la Constitución. Pero el **monarca,** apoyado en los sectores absolutistas, dio un **golpe de estado** y **anuló la constitución.**

Proclamación de la Constitución de 1812, en Madrid.

El absolutismo monárquico

FERNANDO VII (1814-1833), inepto y cruel, comenzó su reinado con una **dura represión contra los liberales.** Se restauraron las instituciones del Antiguo Régimen, incluida la Inquisición; los consejeros del rey (la llama *camarilla**) gobernaron el país con total **corrupción** e **inmoralidad.**

Ante la represión absolutista, los **liberales conspiraban** en secreto para realizar levantamientos* armados contra el absolutismo del rey. Para ello, se apoyaban en **elementos liberales del ejército,** que dirigieron las **rebeliones** o *pronunciamientos.* Hubo varios pronunciamientos entre 1814 y 1820, pero todos fracasaron. Finalmente, en 1820, el general RIEGO consiguió tener éxito. La rebelión se extendió y **el rey hubo de jurar la Constitución de 1812.**

El trienio liberal

Comenzó así un **gobierno liberal,** que duró **tres años** (1820-1823). Sus proyectos de reforma fueron estorbados por **sublevaciones de grupos armados absolutistas** (los *ejércitos de la fe*) y por la **división de los** mismos **liberales** en dos tendencias enfrentadas, los *moderados* y los *progresistas.*

camarilla: conjunto de individuos que rodean al rey e influyen en sus decisiones de forma abusiva.
levantamientos: rebeliones.

El **rey,** por su parte, también **conspiraba** contra el gobierno y pidió **ayuda extranjera.** Rusia, Prusia y Austria habían constituido en 1815 la llamada *Santa Alianza,* para defender en Europa los principios del absolutismo. En el Congreso de VERONA (1822) decidieron ayudar al monarca español. Un **ejército francés** (los *Cien Mil Hijos de San Luis*) **invadió España** y **restableció el absolutismo** de Fernando VII.

La «década ominosa»*

Esta **segunda etapa absolutista** duró diez años (1823-1833), conocidos como la *década ominosa.* La **represión** en estos años fue enorme y muchos liberales fueron ejecutados. Hubo también **pronunciamientos,** pero no tuvieron éxito.

La independencia de las colonias americanas

Durante el reinado de Fernando VII se produjo la **liquidación del imperio colonial americano.** Las **causas de la independencia** de la América española fueron **múltiples.** Citemos, entre ellas, el ejemplo de la independencia de los Estados Unidos, el deseo de las minorías blancas indígenas (criollos) de asumir directamente el poder, el disgusto por los abusos de las autoridades coloniales y la crisis política de España desde 1808.

Durante la **guerra de la Independencia de España,** también se constituyeron **Juntas en América** para luchar contra Napoleón. Estas Juntas, dominadas

ominosa: desgraciada, sangrienta.

17. LA INDEPENDENCIA DE AMERICA ESPAÑOLA

← Campaña de San Martín
◄← Campaña de Bolívar
✳ Batallas

El general San Martín en la batalla de Chacabuco.

por criollos, practicaron una **política autónoma** hasta declararse independientes de España. El movimiento triunfó en toda Sudamérica, a excepción del Perú. Las **tropas enviadas por España** detuvieron al principio la sublevación. Sólo **Argentina consiguió la independencia** en 1816, proclamada en el **Congreso de** TUCUMÁN.

Pero la rebelión continuó. En **Sudamérica,** el general SAN MARTÍN liberó, desde el sur, **Chile.** Por su parte, SIMÓN BOLÍVAR y SUCRE, en el norte, independizaron **Colombia, Venezuela** y **Ecuador.** Finalmente, tras la batalla de AYACUCHO (1824) fue conquistado **Perú.** AGUSTÍN DE ITURBIDE emancipó **Méjico** en 1821. El resto del **virreinato de Nueva España,** los países de **Centroamérica,** se independizaron el mismo año.

La **independencia hispanoamericana** no generó, como en Estados Unidos, un **proceso de** integración, sino de **disgregación.** En los territorios liberados surgieron una serie de **repúblicas,** que hubieron de hacer frente a **graves problemas** políticos, económicos y sociales.

El problema de la sucesión al trono

En España, los últimos años del reinado de Fernando VII están marcados por el **problema de la sucesión al trono.** El rey no tenía descendencia. En 1830, su cuarta esposa, MARÍA CRISTINA DE NÁPOLES, dio a luz una niña, **Isabel,** que fue **reconocida heredera del trono.** Para ello hubo que derogar* las leyes que, desde 1713, prohibían la sucesión femenina a la corona española. Pero el **hermano del rey,** Carlos, apoyado por los grupos absolutistas más intransigentes (los *apostólicos*) **se negó a reconocer a Isabel** como heredera y se exilió a Portugal.

Cuando murió Fernando VII en 1833, **el país,** dividido en dos tendencias irreconciliables —liberales o *isabelinos* y absolutistas o *carlistas*—, estaba **amenazado por la guerra civil.**

Las guerras carlistas

La **guerra** efectivamente **estalló** cuando Carlos, sin reconocer como reina a su sobrina, se proclamó rey de España. Sus partidarios, los **carlistas** o *tradicionalistas,* controlaban gran parte del tercio* septentrional de la península.

El episodio más importante de la guerra fue el **asedio de** Bilbao por los carlistas. Pero los isabelinos liberaron la ciudad. Finalmente, en 1839, el general carlista Maroto y el real, Espartero, jefes de los ejércitos contendientes, firmaron **el convenio* de** Vergara, que reconocía a Isabel como reina.

Pero la paz no fue definitiva. **Los carlistas volvieron a levantarse** contra la reina **en Cataluña,** entre 1847 y 1860. Fueron los últimos intentos por restaurar en España el absolutismo, definitivamente sustituido por el régimen liberal.

El reinado de Isabel II. El régimen liberal

Durante el reinado de Isabel II (1833-1868) se impone en España el **régimen liberal o constitucional,** cuyos partidarios se dividieron en **dos bandos:** uno, el *moderado,* creía en una soberanía compartida entre las Cortes y la Corona; el otro, *progresista,* sostenía que las Cortes eran el único organismo depositario * de la soberanía nacional. Todavía surgió, a finales del reinado, un tercer partido, el *demócrata,* más avanzado que el progresista, partidario del sufragio universal. La lucha, pues, entre absolutistas y liberales se complica en España, en el reinado de Isabel II, con el **enfrentamiento de estas tendencias liberales** por ocupar el poder, a veces de forma violenta.

La inestabilidad política

El rasgo dominante del reinado de Isabel II es, pues, la **inestabilidad política,** aún más acusada por la **falta de capacidad de los protagonistas en el poder.** Ni María Cristina, **regente*** durante la minoría de edad de Isabel, ni la propia **reina** poseían dotes* de gobierno. Los **políticos civiles,** moderados o progresistas, se turnaron en el poder con demasiada frecuencia y, por ello, no pudieron realizar una labor duradera y fructífera. Entre ellos, los

derogar: anular, suprimir.
tercio: la tercera parte.
convenio: acuerdo, tratado.
depositario: el que guarda o custodia una cosa.
regente: persona que ejerce las funciones del rey.
dotes: capacidad.

jefes militares abusaron de su fuerza y rompieron en muchas ocasiones la legalidad constitucional con continuos pronunciamientos y golpes de estado.

Esta **constante provisionalidad política** queda reflejada en las **cinco constituciones** que se sucedieron en el país durante el reinado de Isabel (las de 1834, 1837, 1847, 1854 y 1856), paralelas a la alternancia en el poder de moderados y progresistas.

La regencia de María Cristina

Entre 1833 y 1844 gobernó, en nombre de Isabel II, su madre MARÍA CRISTINA, que entregó el poder a los **moderados.** Los **progresistas,** después de un pronunciamiento, **consiguieron imponerse en el gobierno** (1837) y acometieron importantes reformas. Destacan de ellas una **nueva Constitución** y la llamada *desamortización eclesiástica:* las propiedades de los conventos fueron declaradas bienes nacionales y fueron puestas a la venta pública. Esta medida intentó disminuir el latifundismo. Pero las propiedades de la Iglesia fueron compradas por los nobles y los burgueses ricos. Los campesinos, por tanto, sólo cambiaron de dueño.

María Cristina cometió graves equivocaciones políticas. El mismo año de **1837** dio **de nuevo el poder a los moderados.** Finalmente, **en 1840,** hubo de entregar la **regencia** al **general** ESPARTERO, héroe de la guerra carlista, que instauró un **gobierno progresista de tendencias dictatoriales.**

El general
Ramón Narváez.

La mayoría de edad de Isabel II

Un **nuevo pronunciamiento** llevó al poder al general NARVÁEZ, que presidió un **gobierno moderado durante diez años** (1844-1854). ISABEL II fue **declarada mayor de edad** y el país conoció un **período de pacificación** y organización interna: fue promulgada una **nueva Constitución** (1847), se impulsaron las obras públicas y se desarrolló el ferrocarril.

Una **sublevación militar** dio de nuevo el poder a los **progresistas** durante **dos años** (el *bienio progresista*), bajo la presidencia del **general** ESPARTERO (1854-1856).

Con el **general** O'DONNELL triunfa en España un **nuevo partido,** la *Unión Liberal,* que pretendía conseguir una **política de centro,** atrayente para moderados y progresistas. Hasta el final del reinado de Isabel II **se alternará en el gobierno con el partido moderado** del general NARVÁEZ (1856-1868).

Durante estos doce años **España reactivó su política exterior.** La guerra **con Marruecos** aseguró las ciudades de CEUTA y MELILLA. Hubo también **intervenciones armadas** en INDOCHINA y MÉJICO, **al lado de Francia.**

La revolución de 1868

Pero estas guerras no podían ocultar la **debilidad interna del país.** Los **políticos moderados gobernaron sin inteligencia ni energía.** La falta de imaginación política, la corrupción administrativa, la estéril burocracia y la crisis económica produjeron un **creciente malestar social.** El gobierno sólo supo reaccionar con un **endurecimiento dictatorial.** La **incapacidad de la reina,**

Isabel II y su séquito camino del exilio en Francia.

frívola e irresponsable, suscitó* un **movimiento antimonárquico** creciente, que se transformó en revolución.

Una **gran coalición** que integraban progresistas, Unión Liberal y demócratas **decidió destronar a la reina.** Un mes después de morir el moderado NARVÁEZ, último apoyo* de la reina, estalló la **revolución,** llamada la *Gloriosa,* en septiembre de 1868. Isabel huyó a Francia y en España comenzó un **período democrático.**

Economía y sociedad

El desfavorable punto de partida

La **economía española** durante el primer tercio del siglo XIX sufrió las **consecuencias de la inestabilidad política.** Las grandes destrucciones de ciudades y vías de comunicación en la **guerra de la independencia** arruinaron la agricultura y la ganadería. Por su parte, la **política de Fernando VII,** que quiso mantener las estructuras sociales y económicas del pasado, impidió durante mucho tiempo la industrialización del país. España sufrió un **fuerte retraso económico** frente a otras naciones de Europa.

La lenta recuperación económica

Sin embargo, durante el **reinado de Isabel II, comenzó** lentamente la **transformación de España** y su adaptación a las corrientes económicas europeas, aunque con **problemas** y caracteres especiales. El crecimiento económico no fue regular y constante. Estuvo **condicionado por continuas crisis políticas** que repercutieron* sobre la economía desfavorablemente. Sólo **a partir de 1854** se inició un **período de estabilidad** —a excepción de la revolución de 1868— que proporcionó treinta años continuos de prosperidad económica.

El incremento demográfico y sus problemas

Durante los dos primeros tercios del siglo XIX, la **población española creció mucho.** España tenía diez millones de habitantes a finales del siglo XVIII; en 1877 superaba los dieciséis millones. Pero este crecimiento demográfico no fue paralelo al proceso de industrialización. Por ello, **grandes masas de población** tuvieron que vivir en **condiciones precarias,** sin trabajo adecuado y sin medios de subsistencia. Muchos españoles **emigraron a otros países,** sobre todo, a Francia, Cuba y Argentina.

La agricultura

De todas maneras, durante los mismos años en que creció la población, hubo un **considerable aumento de riqueza.** En **agricultura** se produjo una gran ampliación de la superficie cultivable. La mayor parte de la tierra se

suscitó: produjo, creó.
apoyo: protector, defensor.
repercutieron: influyeron.

El Ferrol
La Coruña
Gijón Santander
Oviedo Bilbao
Sama de Langreo S. Sebastián
Baracaldo Pamplona
León Figueras
Burgos Vitoria Berga Gerona
Zaragoza Manresa Sabadell
Palencia Lérida Mataró
Calatayud Igualda Barcelona
Valladolid Tarrasa
Sigüenza Réus Tarragona
Madrid Guadalajara Granollers
Martorel
Alcazar de S. Juan Barcelona
Valencia Palma
Jativa
Albacete Almansa

19. LA INDUSTRIA EN EL SIGLO XIX

- Zonas industriales
- Centros urbanos industrializados
- Primeros ferrocarriles

dedicó al cultivo del trigo, con bajos rendimientos económicos y con graves consecuencias sociales. Muchos campesinos estuvieron condenados a una miseria permanente. El cultivo de la vid, en cambio, produjo una gran riqueza.

Los comienzos de la industrialización. El ferrocarril

Hasta mediados del siglo XIX España no participa en la revolución industrial europea. A partir de 1860 comenzaron a crearse **dos grandes sectores industriales:** la **industria textil** de Cataluña y la **industria siderúrgica** del País Vasco.

Estas industrias fueron posibles por la gran **revolución de los transportes,** gracias a la introducción del **ferrocarril.** En 1848 circuló el primer tren español entre BARCELONA y MATARÓ (29 kms.). A lo largo de los años siguientes se amplió la red con una estructura radial, que comunicaba el centro, Madrid, con las demás regiones españolas. El desarrollo del ferrocarril, al facilitar la comunicación, dio un **gran impulso al mercado nacional** y produjo grandes cambios económicos, sociales y políticos.

Transformaciones sociales

Las novedades económicas produjeron **transformaciones sociales.** Pero todavía la estructura social y económica de España fue **preindustrial.** El **sector agrícola superaba** mucho **al sector industrial.** Los artesanos eran también más numerosos que los obreros industriales. Pero existía sobre todo un **enorme proletariado rural,** campesinos sin tierras, que cultivaban grandes propiedades en condiciones míseras.

La cultura

El Romanticismo

A comienzos del siglo XIX penetra en España el **romanticismo.** Este pensamiento, que valora la sensibilidad y la imaginación más que la razón, se extendió pronto con caracteres particulares. La **cultura romántica** no es universal, sino **nacional.** Cada país tiene su propio espíritu, que se manifiesta en su lengua, historia y folklore propios. Por ello, el romanticismo español dio un gran valor a la España medieval de la reconquista y al llamado Siglo de Oro.

Al lado del romanticismo histórico, hay un **romanticismo liberal,** que imita el pensamiento de los escritores franceses VICTOR HUGO y LAMARTINE. Este romanticismo **defiende la revolución política** representada por el **liberalismo** y tiene su apogeo entre 1834 y 1840.

Grandes **escritores románticos** españoles fueron los **poetas** ESPRONCEDA, BÉCQUER y JOSÉ ZORRILLA y los **prosistas** MARIANO JOSÉ DE LARRA y ANGEL SAAVEDRA, duque de Rivas.

Existió también un **romanticismo catalán** específico, precursor* de los movimientos inteleçtuales regionalistas, que defienden la lengua y la cultura catalanas frente al centralismo de Castilla.

El eclecticismo

A mitad del siglo XIX el romanticismo pierde importancia frente a un **nuevo fenómeno cultural europeo,** el *eclecticismo.* El **eclecticismo** pretende hallar una **vía intermedia** entre las distintas corrientes de pensamiento enfrentadas. Este movimiento corresponde a una **mentalidad típicamente burguesa,** que se expresa en filosofía, en la política y en el arte. Generalmente estas expresiones son muy mediocres. Los *Ateneos* y los *Liceos* son **instituciones culturales** que defienden este **ideal estético burgués.**

precursor: antecedente.

14. La segunda mitad del siglo XIX: Revolución y Restauración

El gobierno provisional de Serrano

Después del destronamiento* de Isabel II, los revolucionarios —Unión Liberal, progresistas y demócratas— constituyeron un **gobierno provisional** bajo la **presidencia** del general SERRANO. Este gobierno decidió reunir **Cortes constituyentes** para elaborar y aprobar una nueva constitución.

La **Constitución de 1869** establecía como forma de gobierno una monarquía que respetase la soberanía nacional. Triunfaba así el **liberalismo radical** o **democrático,** basado en los principios de la soberanía nacional, sufragio universal, libertad de cultos y derechos del individuo.

El **general Serrano** fue nombrado **regente** de esta nueva monarquía. El **jefe de gobierno, general** PRIM, se encargó de **buscar un rey** para el trono de España. Entre varios candidatos, Prim impuso a AMADEO, hijo del rey de Italia.

*Amadeo I de Saboya
(1871-1873).*

Amadeo I de Saboya

El **reinado** de AMADEO I sólo duró dos años (1871-1873). Tres días antes de llegar a España moría asesinado el general Prim. El nuevo monarca, responsable y lleno de buena voluntad, hubo de luchar contra la **oposición** y la

destronamiento: expulsión del trono.

105

incomprensión de la mayoría del país. Se oponían a su gobierno los partidarios de la república, los defensores de la dinastía borbónica y los **carlistas**. Estos iniciaron una **nueva guerra** para apoyar a CARLOS VII, nieto del primer pretendiente. La aristocracia y el pueblo, por su parte, despreciaban a un rey extranjero. Los dos partidos del poder, constitucionales y radicales, enfrentados, fracasaron en el gobierno y condujeron al país a la **anarquía**. Ante esta situación insostenible, **Amadeo I abdicó** y regresó a Italia. En España, **las Cortes proclamaron la república**.

La primera República Española

La existencia de la **primera República Española** fue aún más **corta y difícil** que el reinado de Amadeo. Entre febrero de 1873 y enero de 1874 se sucedieron en la presidencia cuatro políticos que intentaron diversas soluciones sin éxito a los **graves problemas del país**.

ESTANISLAO FIGUERAS, el primer presidente, intentó infructuosamente imponer la autoridad del gobierno central. Le sucedió PI I MARGALL, que trató de poner en práctica el **sistema federal**. Se elaboró incluso un **proyecto de Constitución federal**, en el cual el país quedaba dividido en quince estados. El federalismo fue un pretexto de independencia más que un elemento de unión. Pronto estallaron en toda España **movimientos cantonalistas***, potenciados por los graves problemas sociales de las clases humildes. Estos movimientos de independencia fueron violentos y anárquicos y provocaron la caída de Pi i Margall, sustituido por NICOLÁS SALMERÓN.

Salmerón, durante los dos meses que fue presidente de la república, intentó restaurar el orden y acabar con los focos cantonalistas. Cuando subió al poder EMILIO CASTELAR el régimen republicano apenas se podía mantener. Castelar trató de reforzar el poder del estado con una **política conservadora y centralista**, luchó contra los carlistas y restauró la paz en el país. Pero su enérgica acción fue censurada como dictatorial y las Cortes le obligaron a dimitir. Ante estos hechos, el general PAVÍA dio un **golpe de estado** y disolvió la asamblea republicana en 1874.

La Restauración monárquica

Fue encargado de un nuevo **gobierno provisional** el general SERRANO, mientras se preparaba la **restauración del régimen monárquico** de la dinastía borbónica. Su artífice fue CÁNOVAS DEL CASTILLO, que luchó muchos años por conseguir legalmente el reconocimiento de ALFONSO, hijo de Isabel II, como rey de España. El general MARTÍNEZ CAMPOS se adelantó a este deseo. Mientras Serrano combatía a los carlistas en el norte, Martínez Campos **se pronunció** en SAGUNTO a favor del príncipe Alfonso.

Alfonso XII. La Constitución de 1876

ALFONSO XII (1875-1885) promovió la redacción* de una **nueva constitución**, promulgada en 1876, que recogía el pensamiento político de Cánovas.

cantonalistas: que quieren dividir el estado en *cantones* o regiones independientes.
redacción: poner por escrito.

Con ella comenzó a funcionar en España el **régimen constitucional** o **parlamentario**. Según este sistema, el rey gobernaba junto con los diputados elegidos por el país, reunidos en **Cortes**. Estas estaban compuestas del **Congreso de los Diputados** y de otra asamblea llamada **Senado**, formada por las principales personalidades del país. El monarca conservaba el poder ejecutivo. Se buscó una ampliación al máximo de la base representativa.

El sistema de gobierno: conservadores y liberales

El sistema de gobierno de la Restauración, llamado *canovista* en honor de la persona que lo promovió, debía basarse en el **turno pacífico en el poder de los dos grandes partidos,** a imitación del sistema parlamentario inglés.

Fueron estos partidos el **Conservador,** dirigido por el propio CÁNOVAS, y el **Liberal,** presidido por SAGASTA. La base social del primero fue la aristocracia madrileña y rural, los terratenientes y las clases medias. El Partido Liberal, a la izquierda del Conservador, tuvo su base en los medios comerciantes e industriales, con un pensamiento social más avanzado. Ambos partidos llegaron a un acuerdo para repartirse el gobierno, al margen de los electores, alternándose en el poder.

Los problemas del reinado de Alfonso XII

El respeto de este acuerdo hizo posible una **larga paz política,** que permitió atender a los problemas políticos y sociales del país. Se llevó a cabo una **importante labor jurídica y administrativa** que intentó conseguir la uniformidad del país y favorecer el centralismo.

Práxedes Mateo Sagasta.

Pero tuvo también grandes **defectos.** Las **elecciones** fueron **controladas por las oligarquías** urbanas (alta burguesía) y rurales (los llamados *caciques)* y se convirtieron en una farsa. El pueblo fue marginado así de las tareas de gobierno, mientras crecían **gravísimos problemas sociales** como consecuencia del nacimiento y expansión de los grandes núcleos industriales.

Otros problemas del reinado de Alfonso XII fueron la **liquidación de la guerra carlista,** en la que intervino el propio monarca, y la **pacificación** de la isla de CUBA, sublevada desde 1868.

La regencia de María Cristina

Alfonso XII murió prematuramente, a los veintiocho años de edad (1885). A los pocos meses de su muerte, nació de su segunda esposa, María Cristina de Habsburgo, su único hijo varón, proclamado rey desde su nacimiento, con el nombre de ALFONSO XIII. Durante la minoría de edad se encargó de la **regencia** su madre María Cristina.

Durante la **regencia** de MARÍA CRISTINA (1885-1902) permanecieron las bases políticas del régimen de la Restauración. Los partidos conservador y liberal continuaron alternándose pacíficamente en el poder. Pero España hubo de enfrentarse a unos **graves problemas exteriores** que ocasionaron la **liquidación del imperio ultramarino español.**

La pérdida de las últimas colonias españolas

Durante el último cuarto del siglo XIX se desarrolla en el mundo el **imperialismo colonial.** Las grandes potencias intentan una política económica proteccionista mediante el dominio exclusivo de los mercados internacionales. **España** ocupaba una **posición difícil** en esta política internacional: por una parte, poseía colonias en el Atlántico (CUBA) y en el Pacífico (FILIPINAS); por

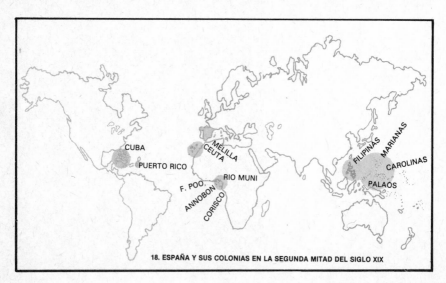

18. ESPAÑA Y SUS COLONIAS EN LA SEGUNDA MITAD DEL SIGLO XIX

otra, carecía de medios para defenderlas. Era lógico que las grandes potencias ambicionaran los restos de un imperio tan fácil de conseguir.

España, aislada diplomáticamente, hubo de enfrentarse a una **guerra desigual contra los Estados Unidos de América,** que apoyaban los movimientos indígenas de independencia. Las **flotas españolas** del Caribe y del Pacífico fueron **destruidas** en SANTIAGO DE CUBA y CAVITE, respectivamente, en 1898. El mismo año se firmó el **tratado** de PARÍS, por el cual España concedía a Cuba la independencia y cedía las islas Filipinas, Guam y Puerto Rico a Estados Unidos.

Los movimientos regionalistas

La pérdida de los últimos restos del imperio tuvo para España **graves consecuencias económicas,** que agudizaron* los problemas sociales. Las regiones industriales fueron las que más sufrieron la pérdida de las colonias, especialmente la **industria textil catalana.** Esta industria, que dominaba el mercado nacional y colonial, se mantenía gracias al fuerte proteccionismo estatal. La pérdida de las colonias y la crisis económica subsiguiente despertaron un **sentimiento regionalista** contra el poder central. El movimiento, con una base intelectual firme y con un gran apoyo social, planteó* el **problema de la autonomía** frente al resto del país y posteriormente se endureció con **exigencias nacionalistas.**

A imagen del regionalismo catalán surgieron después **otros movimientos autonómicos** en las regiones de la periferia: País Vasco, Galicia y Valencia.

Las transformaciones económicas y sociales de la Restauración

Durante la época de la Restauración se crearon las **bases económicas y sociales** de la España actual. Las transformaciones que experimentó España en el último cuarto del siglo XIX son, en muchos casos, el origen de los problemas económicos y las tensiones sociales actuales.

Por una parte, se produjo un **gran crecimiento industrial y capitalista en los países germanos y anglosajones.** Por otra, los países mediterráneos participaron muy débilmente de este proceso de industrialización. La economía europea se basó desde entonces en las grandes diferencias entre los **países mediterráneos subdesarrollados** y la Europa atlántica, próspera e industrializada.

España sufre también este proceso. Algunas regiones (Cataluña y el País Vasco) participan del movimiento industrial europeo. El resto del país, la España mediterránea, permaneció campesina, atrasada y pobre.

Las regiones industrializadas

En el **País Vasco** se formó un **importante núcleo industrial siderúrgico,** gracias a los yacimientos de hierro de Bilbao y a la explotación de los recursos* mineros españoles, plomo, mercurio, hierro y cobre. La explotación de estos

agudizaron: agravaron, empeoraron.
planteó: presentó, mostró.
recursos: riquezas, posibilidades.

yacimientos comenzó con capitales extranjeros, sobre todo, franceses e ingleses. Pero más tarde se creó una **industria nacional y próspera,** que dio origen al **capitalismo vasco.** Este capitalismo desarrolló las **construcciones navales** y las **empresas navieras.** Los principales puertos fueron BILBAO y SANTANDER, que controlaba el comercio con América.

Por su parte, en **Cataluña** se concentró la **industria textil.** Esta industria, protegida por el estado, alcanzó pronto un gran desarrollo, gracias a la facilidad de los transportes y a la introducción del ferrocarril. La pérdida de las últimas colonias españolas en 1898 tuvo repercusiones negativas muy profundas en esta industria.

Cataluña y el País Vasco fueron regiones españolas con formas de vida típicamente europeas. En ellas creció una **fuerte burguesía** y un extenso **proletariado industrial.**

Las regiones agrarias

Pero la mayor parte de España —el 70 por 100 de la población— continuó siendo fundamentalmente campesina. La **España campesina** no era homogénea. Había grandes diferencias en los regímenes de propiedad y en la producción.

En la **zona cantábrica del norte de España,** con tierras ricas y húmedas, predominó la **propiedad muy dividida.** Existían, pues, muchos pequeños propietarios y muy pocos jornaleros.

También en la **región levantina y Cataluña** la propiedad estaba bastante dividida y los cultivos eran muy rentables*: vid, productos de huerta y cítricos*. No existían, por tanto, graves problemas sociales, porque las **propiedades familiares** podían alimentar a la población.

Tampoco en el **interior de la mitad norte de España** las propiedades fueron muy grandes. Pero el rendimiento* económico era menor, porque las tierras son de secano* y los productos agrícolas, menos valiosos. Aquí se cultivan sobre todo cereales y legumbres y existe abundante ganadería lanar y de cerda.

En el resto de España, la **mitad meridional,** predominó la gran propiedad, el **latifundio,** cuyos dueños no residían en el campo ni cultivaban directamente las tierras. Estas extensas tierras tuvieron un rendimiento económico muy bajo y la población agrícola, pequeños propietarios y jornaleros, vivieron de forma mísera. No existían apenas clases medias campesinas.

Los orígenes del movimiento obrero

En la época de la Restauración se consolida el **movimiento social obrero,** la actividad social y política de campesinos y obreros para mejorar su situación.

El **movimiento obrero español** tiene características especiales en relación con el europeo. El proletariado industrial español fue muy escaso y el rural se formó tardíamente. Pero, de todas maneras, el movimiento obrero se consolidó durante esta época, sobre todo, en las áreas industriales, como Cataluña y el País Vasco. En 1870 PABLO IGLESIAS fundó el *Partido Socialista Obrero Español* (PSOE) y, poco después, una **organización sindical socialista,** la *Unión General de Trabajadores* (UGT). Pero la mayor asociación obrera en España

rentables: que producen beneficios.
cítricos: frutos agrios como la naranja y el limón.
rendimiento: producto, utilidad, beneficio.
de secano: alimentadas solamente por el agua de lluvia.

fue el *anarquismo*, que alcanzó pronto gran número de afiliados, sobre todo, en Cataluña y Andalucía.

Al lado del socialismo y el anarquismo, existió una tercera tendencia, el **sindicalismo cristiano**, impulsado por el padre ANTONIO VINCENT, que fundó el primer *Círculo Católico Obrero*. Pero este movimiento obrero católico fue muy débil. Las masas obreras españolas prefirieron integrarse en los dos grandes movimientos socialista y anarquista.

La cultura de la Restauración: la Edad de Plata

En la época de la Restauración la cultura española comienza una etapa de **florecimiento** que llega hasta 1936. El período es conocido, por ello, como **Edad de Plata** de la cultura española. En ella, la novela, la pintura, la música y la poesía tiene una fuerza extraordinaria y un gran prestigio en Europa.

En el primer período de este Siglo de Plata, de 1875 a 1902, la cultura española se caracteriza por valiosos trabajos científicos, por su voluntad de integración en Europa y por un movimiento artístico basado en la observación y descripción de la naturaleza, el llamado *naturalismo*.

Ciencia y pensamiento

El movimiento científico de la Restauración está representado sobre todo por la figura de SANTIAGO RAMÓN Y CAJAL, premio Nobel de Medicina.

Existieron en esta época **dos grandes movimientos intelectuales.** Uno era partidario de la **incorporación de España a Europa,** a la cultura industrial y a las normas de vida e ideales europeos. Un grupo de intelectuales europeístas

Santiago Ramón y Cajal, premio Nobel de Medicina.

fundaron en 1876 la llamada *Institución Libre de la Enseñanza,* institución pedagógica y cultural que tuvo una gran influencia en la formación intelectual de la élite política progresista española.

El otro movimiento, por el contrario, afirmó el **pensamiento y la cultura tradicionales** españoles. Su más importante representante fue MARCELINO ME-NÉNDEZ Y PELAYO, que realizó una gigantesca labor de investigación y difusión de la cultura española.

Literatura: naturalismo y regionalismos

En la **literatura naturalista,** fuertemente influenciada por BALZAC y ZOLA, destacan los novelistas JUAN VALERA, PÉREZ GALDÓS y EMILIA PARDO BAZÁN. El naturalismo manifestó un gran interés por las culturas regionales. En el último cuarto del siglo XIX se produjeron fuertes **movimientos regionalistas,** que desarrollaron las distintas culturas españolas frente a la castellana. Estos movimientos tuvieron no sólo manifestaciones culturales —el estudio y cultivo de la lengua y la historia de cada región española—, sino también sociales y políticas. Las regiones pretendían* una reforma política que tuviera en cuenta sus autonomías. Los tres movimientos regionalistas más importantes tuvieron lugar en Cataluña, Valencia y Galicia. En Cataluña, sobre todo, la llamada *Renaixença* (renacimiento) produjo importantes escritores, como JACINTO VER-DAGUER.

Artes plásticas

Hay que citar en las **artes plásticas** de la Restauración, las obras del **arquitecto** catalán ANTONIO GAUDÍ, magnífico representante del estilo modernista. Gaudí es autor, entre otras obras, de la IGLESIA DE LA SAGRADA FAMILIA, de Barcelona.

La **pintura española** del último tercio del siglo XIX sigue las tendencias del **impresionismo.** Sus mejores representantes son REGOYOS y JOAQUÍN SOROLLA.

pretendían: pedían, exigían.

El reinado de Alfonso XIII

En 1902 terminó la regencia de María Cristina y ALFONSO XIII fue proclamado **rey de España.** El régimen de gobierno continuó el **sistema de la Restauración,** basado en el turno pacífico en el poder de los dos grandes partidos, liberal y conservador. Sin embargo, este sistema se mostró **inadecuado**

*Alfonso XIII
(1902-1931).*

para afrontar los graves problemas internos y externos de la época. La consecuencia fue la gran **crisis de la monarquía** y, finalmente, su caída en 1931.

Crecimiento demográfico y económico

Durante el siglo XIX la **población española creció** considerablemente hasta alcanzar, a comienzos del siglo XX, los **veinte millones** de habitantes. También **aumentó la producción agraria e industrial.** La agricultura experimentó un gran desarrollo: se introdujeron nuevas técnicas y se aumentó la extensión de las tierras cultivadas. Nuevas industrias, como la del cemento, químicas y de la construcción, se añadieron a las industrias textiles y siderúrgicas tradicionales.

La expansión de la economía mundial alcanzó también a España. Entre 1906 y 1913 entraron en el país muchos capitales extranjeros que ayudaron a conectar la economía española con la europea.

Gracias a la **neutralidad de España en la Primera Guerra Mundial,** muchos terratenientes, industriales y financieros se enriquecieron. España aumentó considerablemente sus reservas en oro. Esta tendencia favorable continuó durante todo el período de recuperación económica en Europa y América, posterior a la guerra.

Pero la **grave crisis mundial** de 1929 (el hundimiento de la Bolsa de Nueva York el 26 de octubre) afectó también a España. Esta crisis económica estuvo acompañada de una **grave crisis social y política** que precipitó* al país, finalmente, a la guerra civil.

El **crecimiento demográfico y económico** de España en el primer tercio del siglo XX **no coincidió con el desarrollo social.** La subida de los precios, consecuencia del crecimiento económico, no siguió el mismo ritmo de subida de los salarios. Las condiciones de vida de las clases medias y, sobre todo, de las clases trabajadoras del país —campesinos y obreros— se hicieron cada vez más difíciles.

Las clases sociales

En el **estrato superior** de la sociedad española, durante la época de Alfonso XIII, se encuentra la **nobleza** y una **burguesía** muy aumentada por la prosperidad económica. Terratenientes, industriales, comerciantes, banqueros y especuladores* (los llamados *nuevos ricos)* forman este estrato, enriquecido, pero también inseguro ante un proletariado creciente, que demuestra una gran fuerza y capacidad de organización.

Por debajo de la burguesía se encuentran las **clases medias.** En ellas se integran grupos muy diferentes por su nivel económico y su situación social, como propietarios rurales, comerciantes e industriales pequeños, empleados* de la administración y de empresas privadas, profesionales, militares y clérigos. Su **comportamiento sociopolítico** es **ambiguo.** Por una parte, desean una reforma del estado que acabe con el dominio de la oligarquía, pero, por otra, temen cualquier movimiento revolucionario no burgués que afecte a su seguridad.

precipitó: empujó, ocasionó.
especuladores: comerciantes que buscan rápidas ganancias con métodos, generalmente, poco limpios.
empleados: persona que desempeña un cargo o servicio a las órdenes de otro.

Finalmente, las **clases trabajadoras,** en el primer tercio del siglo XX, viven en condiciones económicas y culturales lamentables*. La **población obrera,** concentrada en los núcleos industriales y mineros, intenta mejorar sus condiciones de vida mediante una acción colectiva basada en la asociación (los sindicatos) y en la huelga * general y, en ocasiones, en el terrorismo y la violencia. También las **masas campesinas,** mucho más numerosas que las industriales, padecían* las consecuencias de un régimen de propiedad anacrónico y despiadado*. La propiedad estaba muy mal repartida. Pero el problema más grave era el de los **jornaleros,** campesinos sin tierra, que trabajaban los latifundios por un salario mísero e inseguro.

El movimiento obrero

Estas clases trabajadoras, olvidadas por el orden constitucional, protagonizan un **movimiento obrero,** materializado en dos grandes organizaciones de carácter sindical. La *Unión General de Trabajadores* (UGT), el **sindicato socialista,** agrupa, sobre todo, al proletariado industrial y urbano. Por su parte, el **anarquismo español** constituye la *Confederación Nacional de Trabajadores* (CNT), que logró rápidamente un gran número de afiliados. En 1931, la UGT agrupaba a unos 280.000 trabajadores y la CNT, a 800.000. El **movimiento obrero católico,** que llevó a cabo un importante esfuerzo de asociación, no pudo competir con socialistas y anarcosindicalistas.

Desequilibrio social

El crecimiento de la sociedad española en el primer tercio del siglo XX, por tanto, estuvo acompañado de un **fuerte desequilibrio social,** agudizado por la Primera Guerra Mundial. El egoísmo de la clase dirigente, las estructuras atrasadas de la propiedad, el escaso nivel económico y cultural de las masas trabajadoras contribuyeron a aumentar la **violencia del movimiento obrero español** y explican la gran crisis política, social y moral que estalla en la guerra civil de 1936.

Los problemas políticos

Durante el reinado de Alfonso XIII se produce la **crisis del sistema político de la Restauración.** Los dos grandes partidos dinásticos —liberal y conservador— se dividen en varias tendencias, mientras surgen otros nuevos. Al mismo tiempo, ganan fuerza los **nacionalismos*,** que se oponen al régimen centralista y luchan por la autonomía, especialmente, el regionalismo catalán. El **aumento de partidos políticos,** los nacionalismos y la fuerza de los **movimientos obreros** hicieron inservible la Constitución de 1876, en la que se apoyaba la monarquía española.

lamentables: que causan lástima, míseras.
huelga: paro en el trabajo para conseguir ventajas económicas o laborales.
padecían: sufrían.
despiadado: injusto.
nacionalismos: movimientos regionalistas que aspiran a una gran autonomía por considerar que constituyen una nación, con sus rasgos característicos: lengua, cultura e historia propias.

115

Eduardo Dato.

Los nuevos líderes políticos

El líder del partido conservador, CÁNOVAS, murió asesinado en 1898; SA-
GASTA, jefe del partido liberal, murió en 1903. Los dos partidos dinásticos,
sin sus grandes jefes, perdieron la unidad interna y se dividieron en varias
tendencias con líderes políticos propios. Hasta 1909 el jefe del **partido conservador** fue ANTONIO MAURA. Desde esta fecha aparecen en el partido **tres tendencias,** dirigidas por el propio MAURA, DATO y JUAN DE LA CIERVA. En el
partido liberal se sucedieron MORET, CANALEJAS, asesinado en 1912, y el
CONDE DE ROMANONES.

La crisis del sistema canovista

Ambos partidos eran de centro. Pero, cuando se deterioró la unidad interna
y la armonía entre ambos, el **sistema** entró **en crisis** y apareció la **necesidad de
una reforma.** Los **partidos fuera del poder** —tradicionalistas*, republicanos y
socialistas— aspiraban a participar en la vida política. Pero también existía
un gran **movimiento regionalista** —vascos, gallegos y, sobre todo, catalanes—

tradicionalistas: partido que recoge las tradiciones carlistas del siglo XIX.

116

que deseaban una amplia autonomía para sus regiones y una nueva constitución más flexible. Y además, el propio **rey,** que intervino activamente en el gobierno, introdujo un nuevo factor de inestabilidad.

En estas condiciones, los distintos gobiernos que se sucedieron no pudieron realizar una labor política amplia y estable y se limitaron a resolver problemas concretos y técnicos. Solamente en el período de 1917 a 1923 se sucedieron trece gobiernos: cuatro liberales, ocho conservadores y uno de concentración. Esta **inestabilidad** demostraba claramente la crisis del sistema y justificó la imposición de una dictadura en 1923.

La Semana Trágica

La **primera crisis política grave** tuvo lugar en 1909 con los sucesos de la llamada *Semana Trágica* de Barcelona (26 al 31 de julio). Los intereses colonialistas de España en Marruecos (zona del Rif) exigieron la intervención armada. Pero esta guerra fue muy impopular. Barcelona reaccionó ante los preparativos de guerra y el reclutamiento de soldados con una **huelga general,** que se convirtió en **rebelión violenta** con un fuerte contenido social y anticlerical. Se quemaron iglesias y conventos. El gobierno de Maura decretó el estado de guerra y reprimió* con extraordinaria dureza la rebelión. La **represión** provocó la protesta de muchos países euopeos y Maura hubo de dimitir.

El gobierno de Canalejas

Entre 1910 y 1912 el **gobierno liberal de** Canalejas intentó dar solución a los problemas del país: guerra de Marruecos, autonomía de Cataluña, cuestión social, etc. Pero en 1912 el **presidente** fue **asesinado.** Desde entonces fue cada vez más difícil continuar el sistema de gobierno de la Restauración.

La neutralidad española en la Primera Guerra Mundial

España mantuvo la **neutralidad durante la Primera Guerra Mundial.** Esta neutralidad fue **beneficiosa para la economía.** Pero el aumento de los precios perjudicó la estabilidad de los salarios. La consecuencia fue una **grave crisis social** que llevó a la huelga revolucionaria de 1917.

La crisis revolucionaria de 1917

Esta **segunda gran crisis** no fue sólo social, sino también política e institucional. El gobierno del conservador Dato, ante la grave situación política y social, cerró el Parlamento. Los diputados, convocados en Barcelona por el partido nacionalista catalán, la *Lliga Regionalista,* pidieron al gobierno la **convocatoria de Cortes constituyentes.** El **ejército,** por su parte, descontento con la subida de los precios, organizó *Juntas de Defensa* que exigieron del gobierno mejoras profesionales.

En esta situación, las organizaciones sindicales decidieron una **huelga general** para el 10 de agosto. Así, el ejército, la burguesía y los obreros se enfrentaron a la monarquía. La crisis fue solucionada, pero el **régimen de la Restauración** quedó **gravemente deteriorado.**

reprimió: acabó.

La agudización de la crisis

Desde 1917 a 1923 los gobiernos de la monarquía tuvieron que enfrentarse a una **situación cada vez más crítica.** Acabada la Primera Guerra Mundial, tuvo lugar una **nueva crisis económica.** Muchas empresas cerraron y la situación de los obreros empeoró. La **lucha entre sindicatos y empresarios** se hizo muy dura y estuvo acompañada de violencias y actos terroristas, huelgas y sangrientas represiones. El propio jefe del gobierno, DATO, fue víctima de esta violencia, asesinado en 1921.

La **inestabilidad política y social** aumentó a consecuencia de un **grave desastre bélico en Marruecos,** en 1921. La opinión pública culpó de la derrota, en la que murieron 10.000 soldados, al gobierno, al ejército y al propio rey. En estas circunstancias, el 13 de septiembre de 1923, el Capitán General de Cataluña, PRIMO DE RIVERA, proclamó la **dictadura,** que fue aceptada por el rey.

La Dictadura de Primo de Rivera

La Dictadura se desarrolló en **dos etapas.** En la **primera,** de 1923 a 1925, el **directorio*** presidido por Primo de Rivera, como **gobierno provisional,** procuró restaurar la paz social, el oden público y la eficacia de la administación. También emprendió una **enérgica acción en Marruecos,** que terminó con la total pacificación del protectorado español en 1927.

A partir de 1926, durante su **segunda etapa,** la Dictadura quiso convertirse en un **régimen estable.** Los miembros militares del directorio fueron sustituidos por **políticos civiles** y se creó un **partido único,** la *Unión Patriótica,* como fundamento político del régimen.

La Dictadura aprovechó la etapa de prosperidad económica mundial posterior a la Primera Guerra Mundial y realizó **importantes obras públicas:** carreteras, ferrocarriles, puertos y obras hidráulicas. También aprovechó esta coyuntura* favorable la industria privada, pero la agricultura, en cambio, permaneció estancada* como antes.

Pero la **crisis económica mundial** de 1929 alcanzó también a España y fue una de las causas del **fracaso final de la dictadura,** que tuvo que luchar contra la oposición de muchas fuerzas políticas y sociales. Amplios sectores del ejército y de la burguesía, intelectuales republicanos y sindicatos obreros consiguieron finalmente la **dimisión de Primo de Rivera** el 8 de enero de 1930.

El gobierno del general Berenguer

El **fracaso de la dictadura** fue también el **fracaso de la monarquía** que la había aceptado. Alfonso XIII encargó al general BERENGUER del gobierno, que intentó restaurar la legalidad constitucional, ya inservible. Las **fuerzas antimonárquicas conspiraban** mientras tanto contra el rey. En agosto de 1930 socialistas, republicanos y regionalistas catalanes firmaron el llamado *Pacto de San Sebastián* para unir sus fuerzas contra la monarquía. También grupos del ejército, intelectuales y obreros deseaban un sistema republicano. En octubre de 1930 hubo una **sublevación militar** en JACA, que proclamó la república. La sublevación fue reprimida, pero la institución monárquica ya tenía muy poco apoyo.

directorio: gobierno dictatorial, formado por militares.
coyuntura: ocasión, oportunidad, situación.
estancada: detenida, sin experimentar progreso.

La proclamación de la segunda República Española

El gobierno del general AZNAR decidió convocar **elecciones municipales** en toda España para iniciar un nuevo período de legalidad constitucional. Las elecciones se celebraron el 12 de abril y en todas las **grandes ciudades** triunfaron los **republicanos**. Dos días después, el 14 de abril de 1931, **se proclamó la República** y un **gobierno provisional**, presidido por NICETO ALCALÁ ZAMORA. Ese mismo día **el rey abandonó el país** y marchó al exilio.

La cultura española en el primer tercio del siglo XIX

En la época de Alfonso XIII se desarrolla el **segundo período** de la llamada *Edad de Plata* de la cultura española, que comienza con las obras de un grupo de escritores, conocidos como la *Generación del 98*. La cultura española intenta en esta época acercarse a la europea, mientras Europa manifiesta un gran interés por las cosas de España. La **cultura nacional** alcanza un **nivel muy alto** en pintura, música y poesía.

La Generación del 98

La *Generación del 98* es un grupo de pensadores y literatos nacidos entre 1865 y 1875, que crecen durante la pérdida del imperio colonial español (1898). Estos escritores se plantean el **problema de España** con una actitud crítica y pesimista. Entre ellos se encuentra MIGUEL DE UNAMUNO, PÍO BAROJA, RAMÓN DEL VALLE INCLÁN, ANGEL GANIVET, AZORÍN y los poetas ANTONIO MACHADO

Miguel de Unamuno.

y JUAN RAMÓN JIMÉNEZ. Casi todos ellos pertenecen al **movimiento estético modernista** y utilizan la lengua castellana con una extraordinaria fuerza de expresión y belleza. También Cataluña participa de la corriente modernista con el gran poeta JOAN MARAGALL.

La Generación del 27

Otro grupo de escritores, llamados la *Generación del 27* o de la *Dictadura,* continúa la obra literaria de la Generación del 98. Todos ellos comenzaron a publicar sus obras durante el régimen de Primo de Rivera. Magníficos **poetas** de la generación fueron PEDRO SALINAS, JORGE GUILLÉN, DÁMASO ALONSO, GERARDO DIEGO, VICENTE ALEIXANDRE y, sobre todo, FEDERICO GARCÍA LORCA.

Música y pintura

La **música española** del primer tercio del siglo XX cuenta también con autores·excelentes como TURINA, ALBÉNIZ, FALLA, GRANADOS y OSCAR ESPLÁ. La música, como la pintura, cultiva una **corriente estética** que demuestra un gran amor por la **cultura nacional,** pero que también acepta influencias extranjeras.

Los catalanes NONELL, CASAS y SERT, el vasco ZULOAGA y el madrileño SOLANA son algunos de los mejores **pintores** de la época. También pertenece a esta generación PABLO RUIZ PICASSO, nacido en Málaga en 1881, que, en Francia, se convierte en el **pintor más genial de todo el siglo XX.** Durante el primer tercio del siglo Picasso desarrolla distintos estilos: la época azul, la rosa, la negra y, finalmente, el cubismo, a partir de 1907.

16. La segunda República. La guerra civil

Cuando fue proclamada la República el 14 de abril de 1931 el **entusiasmo popular** fue unánime. Todos creían que el nuevo régimen resolvería los viejos problemas. Muy pronto este espíritu de concordia y de entusiasmo desapareció. Los grupos políticos y sociales mantuvieron sus posiciones sin ceder* ante el bienestar de la comunidad. Las **actitudes se radicalizaron,** crecieron los egoísmos y la violencia. Finalmente el **experimento republicano** fue un **fracaso** y llevó al país a una guerra civil.

ceder: ser flexible, renunciar a algunas exigencias.

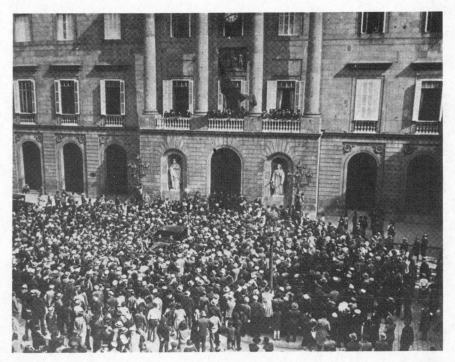

Proclamación de la República en Barcelona.

Los problemas del gobierno provisional

El **gobierno provisional** que tomó el poder en 1931 intentó un **programa de equilibrio** y moderación. Pero hubo de enfrentarse muy pronto a **extremismos y violencias.** Los principales **problemas** fueron el separatismo catalán y vasco, la violencia anticlerical y la agitación social, promovida por los sindicatos anarquistas, CNT y su rama radical, la *Federación Anarquista Ibérica* (FAI). Estas organizaciones se beneficiaron del creciente descontento obrero y campesino y aumentaron mucho sus afiliados. La **violencia anticlerical,** sobre todo, explotó muy pronto. El 11 de mayo tuvo lugar en Madrid un gran número de **incendios provocados** de iglesias y conventos. El gobierno provisional no reaccionó oficialmente y, por ello, muchos sectores del país expresaron su descontento con el régimen.

El gobierno republicano-socialista de Azaña

En las **elecciones generales de junio de 1931** triunfaron los republicanos de izquierda y los socialistas. Esta **coalición republicano-socialista** elaboró un proyecto de **constitución,** que fue aprobado en diciembre.

El gobierno, bajo la **presidencia del republicano** MANUEL AZAÑA, intentó cumplir un ambicioso **programa de transformación política y social** de España. Se sustituyó el centralismo por una organización más flexible del estado y se realizó una **gigantesca labor de legislación.** Entre los temas más importantes estaba la reforma del ejército, el problema religioso, la reforma agraria y el estatuto de autonomía para Cataluña.

Reforma del ejército

El ejército tenía una estructura anticuada y muchos elementos monárquicos. Azaña quiso reducir el número de oficiales y crear un **ejército fiel a la república.** Para ello, ofreció el retiro con el sueldo íntegro a todos los oficiales que no quisieran jurar* fidelidad a la república, unos 10.000. Estos oficiales desde entonces tuvieron una actitud contraria a la república.

El problema religioso

Las **relaciones** de la república con la Iglesia fueron muy **tensas.** La **Constitución** de 1931 contenía **artículos** abiertamente **anticlericales:** separación de Iglesia y estado, libertad religiosa, expulsión de las comunidades religiosas extranjeras, leyes de divorcio y matrimonio civil, entre otras.

El cardenal SEGURA publicó un documento contra la república. La reacción popular fue el incendio de iglesias y conventos del 11 de mayo en Madrid. El cardenal fue expulsado de España.

La **política anticlerical** del gobierno fue **poco inteligente,** porque una gran parte de la población española era católica y se sintió disgustada. Por otra parte, la república prohibió la enseñanza en centros religiosos, pero no creó escuelas suficientes para atender las necesidades de enseñanza estatal. Todos estos errores causaron un **profundo malestar en los sectores tradicionales y católicos** del país.

jurar: prometer bajo juramento.

Palacio de la Generalidad de Cataluña.

La autonomía de Cataluña

El **problema de la autonomía de Cataluña** fue resuelto con el llamado *Estatuto Catalán*. La *Generalitat*, la institución de gobierno para Cataluña, se hizo cargo de la administración, justicia, cultura y obras públicas de la región, con un parlamento y gobierno propios. El estado siguió controlando las relaciones exteriores, el ejército y el orden público.

La reforma agraria

La **reforma agraria** intentaba, por su parte, acabar con las grandes propiedades. Se impuso un límite a la extensión de las propiedades rurales. Las tierras recuperadas debían ser entregadas a jornaleros y colonos, después de pagar indemnizaciones* a sus antiguos dueños.

Pero los proyectos de reforma agraria y Estatuto Catalán provocaron una fuerte **reacción contraria** en todo el país, sobre todo, **de los sectores burgueses** y de los **grupos dominantes**. El gobierno no supo hacer una política flexible y contribuyó a que creciera la tensión del país. Esta **tensión** aumentó con las continuas alteraciones del orden público, consecuencia de la inestabilidad eco-

indemnizaciones: compensaciones económicas por un daño o perjuicio.

nómica y de los problemas sociales de las clases humildes. La reforma agraria avanzaba muy lentamente. Los terratenientes ponían muchas dificultades mientras aumentaba el paro*. Fueron frecuentes los enfrentamientos de campesinos y obreros con la fuerza pública, que, en ocasiones, produjeron muertos. También fue muy perjudicial para la estabilidad política y social de España la **crisis económica mundial** de 1931 a 1933. Hubo muchas huelgas obreras, reprimidas con violencia.

El golpe de estado de Sanjurjo

En esta situación de creciente oposición al gobierno de Azaña, el general SANJURJO **se pronunció** en Sevilla (10 de agosto de 1932). Pero el **golpe de estado fracasó** en Madrid y el general fue encarcelado*. Azaña decidió **expropiar sin indemnización** las propiedades de la **alta nobleza española** (los *Grandes*), considerada culpable del golpe y traidora a la república.

Los nuevos grupos políticos

Pero el gobierno republicano-socialista había fracasado. Por ello, las **fuerzas políticas** formaron **nuevos grupos.** Fue sobre todo muy importante la **agrupación de las derechas españolas** en un bloque parlamentario unido y compacto, la *Confederación Española de Derechas Autónomas* (CEDA), bajo la dirección de GIL ROBLES.

La CEDA concentró a diversos grupos de derecha, católicos, que deseaban una transformación del régimen. En muy poco tiempo, sus afiliados aumentaron enormemente. Era un síntoma de que la opinión del país evolucionaba.

Pero también crecieron **grupos opuestos al sistema parlamentario,** bajo la influencia del fascismo italiano y del nacionalsocialismo alemán. JOSÉ ANTONIO PRIMO DE RIVERA, hijo del dictador de 1923, fundó la *Falange Española* en 1933, que se unió pronto con las llamadas *Juntas de Ofensiva Nacional-Sindicalistas* (JONS) para formar un **partido nacionalista y antimarxista** (FE y de las JONS) que pretendía superar la lucha de clases mediante la implantación de la *justicia social* y despreciaba el régimen democrático.

En la **izquierda** crecía el *Partido Comunista de España* (PCE), con pocos afiliados, pero con una gran capacidad de organización, y, sobre todo, el llamado *comunismo libertario,* movimiento anarquista que defendía soluciones extremas revolucionarias y que tuvo mucho éxito entre los campesinos.

El Partido Radical en el poder

El gobierno reformista de Azaña no pudo mantenerse. En noviembre de 1933 tuvieron lugar las **segundas elecciones generales** de la república. El **centro** *(Partido Radical)* y la **derecha** (CEDA) lograron la **mayoría parlamentaria** frente a los socialistas y republicanos de izquierda.

Se formó un **gobierno** sólo con miembros del **Partido Radical,** presidido por su jefe ALEJANDRO LERROUX, sin participación de la CEDA, pero con su apoyo. Este gobierno intentó realizar un **programa de rectificación** de algunas reformas

paro: la falta de trabajo.
encarcelado: castigado con la pena de prisión.

Alejandro Lerroux.

del anterior gobierno: amnistía para los militares pronunciados en 1932; devolución a sus dueños de las tierras expropiadas; acercamiento a la Iglesia... Pero esta política no contentó a la derecha, que deseaba medidas más drásticas, ni a las izquierdas, que acusaban a Gil Robles de dictador.

Los **empresarios y terratenientes** comenzaron persecuciones y **represalias*** contra obreros y campesinos; por su parte, las izquierdas emprendieron una dura oposición al gobierno. Los **socialistas**, intransigentes, contribuyeron poderosamente al fracaso del régimen. Su principal representante era LARGO CABALLERO, que defendía una **política revolucionaria,** de asalto al poder para imponer la dictadura del proletariado mediante un acuerdo con los sindicatos obreros.

El endurecimiento* de los patronos, la angustiosa situación de los campesinos, la evolución política en el exterior —crisis del socialismo en Alemania y Austria, ascensión del nacionalsocialismo en Alemania, dictadura fascista en Italia— aumentaron el **nerviosismo de los socialistas.** Largo Caballero anunció que si las derechas (CEDA) entraban en el gobierno realizaría una revolución.

La revolución de octubre de 1934

Efectivamente, cuando entraron en el gobierno radical tres ministros de la CEDA (octubre de 1934) tuvo lugar la **revolución** preparada por los socialistas **en Cataluña y Asturias.**

represalias: venganzas.
endurecimiento: actitud inflexible y dura.

125

En **Barcelona** se proclamó un *Estado Catalán* independiente, apoyado por los socialistas, comunistas y partidos regionalistas de izquierdas. Pero no colaboraron, en cambio, los sindicatos anarquistas, ni los partidos regionalistas de derechas. La guarnición militar consiguió dominar fácilmente la insurrección.

Sin embargo, en **Asturias** triunfó la revolución. Las masas obreras —anarquistas, socialistas y comunistas— ocuparon los cuarteles* y las fábricas de armas y dominaron toda la región. Fue necesario emprender una **campaña bélica,** con tropas del ejército y de la Legión de Marruecos. La revolución fue sofocada después de duros combates.

El fracaso de las derechas

El gobierno no realizó una represión dura, aunque 30.000 obreros fueron encarcelados. Pero tampoco intentó una labor social, necesaria y urgente. El **gobierno,** con una mayoría de miembros de la CEDA, practicó, por el contrario, una **política reaccionaria** que intentó acabar con la reforma agraria: los campesinos fueron expulsados de las tierras concedidas por el gobierno y los Grandes de España fueron indemnizados. Los salarios bajaron y aumentó el paro.

Esta situación y el descubrimiento de dos escándalos financieros, en los que habían participado miembros del gobierno, acabaron con la república de derechas. Gil Robles intentó que los altos jefes del ejército dieran un golpe de estado, pero éstos no quisieron intervenir.

La victoria del Frente Popular

En enero de 1936 las Cortes fueron disueltas y se convocaron **nuevas elecciones generales.** Las derechas estaban desmoralizadas y desunidas. En cambio, las **izquierdas** acudieron a las urnas* **unidas en una coalición,** el llamado *Frente Popular* (republicanos de izquierda, socialistas, comunistas y partidos regionalistas), apoyados por los sindicatos anarquistas, cada vez más poderosos (CNT y FAI).

El **Frente Popular triunfó** en las elecciones y se formó un **gobierno con republicanos de izquierdas,** presidido por AZAÑA, que intentó realizar un programa semejante al de 1931. Pero los socialistas se negaron a colaborar con el gobierno, dispuestos sólo a preparar la revolución social.

La impotencia del gobierno

El país sufrió una **ola de violencia.** Los campesinos ocupaban las tierras, se quemaban iglesias y conventos, extremistas de izquierda y de derecha imponían el terror en las calles con múltiples atentados* y asesinatos.

El presidente de la república, ALCALÁ ZAMORA, fue destituido y AZAÑA ocupó su puesto. El nuevo jefe de gobierno, CASARES QUIROGA, era impotente

cuarteles: edificios destinados para alojar a las tropas.
acudieron a las urnas: votaron.
atentados: acciones terroristas.

José Calvo Sotelo.

para frenar* la **acción revolucionaria** de los sindicatos proletarios, las **provocaciones de la extrema derecha** y los **preparativos del ejército para conspirar** contra la república.

La anarquía del país, la demagogia del gobierno, los rumores de revolución proletaria preocupaban a un sector del ejército, que, desde marzo de 1936, comenzó los **preparativos de un golpe de estado.** El gobierno conocía estos planes, pero tomó medidas poco enérgicas: trasladó a los principales jefes a otros destinos*. Sin embargo, la conspiración ya estaba decidida. El **asesinato del líder nacionalista,** CALVO SOTELO, por fuerzas del orden público el 13 de julio **precipitó el alzamiento.**

El alzamiento militar y la guerra civil

La **rebelión** comenzó en el protectorado español de Marruecos el día 17 de julio y el **día 18** en la península. Pero el **golpe de estado no triunfó en todas las provincias.** Fracasó en Madrid y Barcelona, donde las autoridades entregaron armas a los sindicatos obreros. En otras capitales, los jefes militares fueron fieles a la república y mantuvieron el control del ejército. Pero, en cambio, los sublevados consiguieron el poder en Galicia, Castilla la Vieja, León, parte de Aragón, algunos puntos aislados de Andalucía (Sevilla, Córdoba y Granada), Baleares, Canarias y el protectorado de Marruecos.

El golpe, por tanto, no triunfó totalmente, pero el gobierno tampoco era dueño de la situación en todo el país. Ello significaba la **guerra civil,** porque el alzamiento de 1936 no fue un simple pronunciamiento militar. También participaron activamente grandes masas de población civil.

frenar: detener, acabar.
destinos: lugar donde se cumple un trabajo o función

Nacionalistas y republicanos

Los **sublevados** controlaban un territorio menor que el del gobierno, sin centros industriales importantes. Pero su ejército era muy superior, disciplinado y con mandos*. Este ejército se amplió con tropas procedentes de las organizaciones políticas —FE y de las JONS, monárquicos y tradicionalistas— y recibió muy pronto la ayuda militar y técnica de la Alemania de Hitler y de la Italia de Mussolini, así como el apoyo de Portugal. La zona nacionalista estuvo gobernada al principio por una *Junta de Defensa,* formada por los principales generales rebelados. En octubre, FRANCISCO FRANCO recibió el mando único, político y militar.

En la **zona republicana** las masas obreras armadas *(milicianos)* se unieron al ejército. Pero faltaron mandos y disciplina. Por ello, la iniciativa de las operaciones militares fue siempre de los rebeldes.

Desarrollo de la guerra

Los sublevados pensaban atacar Madrid desde el sur y desde el norte. **Franco,** jefe del ejército del sur, **trasladó a la península el ejército de Marruecos.** Amplió la zona controlada por los nacionalistas en Andalucía y .**avanzó** por Extremadura y el valle del Tajo **hacia Madrid.**

Pero la capital estaba preparada para resistir. El **gobierno de la república** pidió **ayuda exterior.** Compró a la Unión Soviética, con el oro depositado en el Banco de España, material de guerra. La URSS organizó también **grupos armados de voluntarios** de diversos países, las llamadas *Brigadas Internacionales.* Su llegada a Madrid estabilizó el frente.

mandos: jefes.

Ramiro de Maeztu.

Federico García Lorca.

Carteles de propaganda de los dos bandos.

La **guerra civil española** tuvo así un **alcance internacional,** preludio de la segunda Guerra Mundial. Fue inútil el intento de Francia e Inglaterra para aislar la guerra en territorio español sin intervención de otros países, con la creación de un *Comité de No Intervención.* Las democracias occidentales dejaron sola a la república, mientras los rebeldes recibían la poderosa ayuda de Italia y Alemania.

Ante la imposibilidad de ocupar Madrid, Franco decidió intensificar las **operaciones en el norte.** En octubre de 1937 todo el norte fue conquistado. A continuación, las tropas nacionalistas avanzaron hacia el **Mediterráneo,** para aislar a Cataluña (junio de 1938) y separar a Madrid del mar. El ejército republicano intentó evitar este avance con una gran **ofensiva en el río Ebro.** La batalla del EBRO, la más sangrienta de la guerra, duró tres meses y terminó con la victoria de Franco. El ejército republicano fue destruido casi completamente.

Poco después las tropas nacionales conquistaban **Cataluña** y el **Sureste.** Madrid se rindió* el 29 de marzo de 1939. El 1 de abril Franco anunció oficialmente que la guerra había terminado.

La zona republicana durante la guerra: el proceso revolucionario

En la zona republicana, el **gobierno,** formado por republicanos de izquierda, no pudo impedir la **revolución terrorista,** violenta e incontrolada, de las masas

se rindió: se sometió, se entregó.

obreras y campesinas. Estas **masas armadas** desataron* sus **viejos odios** contra propietarios y clero. Tribunales populares y grupos incontrolados realizaron múltiples asesinatos. Obreros y campesinos ocuparon fábricas y propiedades rurales. Los sindicatos y partidos obreros tuvieron que tolerar esta **explosión anárquica,** sin fuerza para frenarla.

La marcha de la guerra, desfavorable para la república, obligó a formar un **gobierno de concentración** en septiembre de 1936, presidido por el socialista Largo Caballero, con socialistas, comunistas, republicanos de izquierda y anarquistas. Pero Largo no consiguió el apoyo de los comunistas y tuvo que abandonar el poder.

Le sustituyó Juan Negrín, que intentó frenar la revolución, atraerse a la pequeña burguesía industrial y campesina y estrechó las relaciones con Moscú. Pero este **intento de unificación económica y de centralización,** bajo inspiración comunista, no pudo frenar el caos económico, producido por el anarquismo libertario. El gobierno, instalado en Valencia, huyó al extranjero en los últimos días de la guerra.

La zona nacional durante la guerra: la concentración de mando

En la **zona nacionalista** se produjo por el contrario un **proceso de concentración** y fortalecimiento del mando político y militar. El general Franco fue nombrado **jefe de gobierno** del nuevo *Estado Nacional* y *Generalísimo* de los ejércitos. Poco después, en 1937, todas las milicias formadas por los partidos

desataron: cumplieron, dieron satisfacción.

20. LA GUERRA CIVIL ESPAÑOLA

↑↑↑↑ Principales frentes de lucha

Zona nacionalista en 1936   Zona nacionalista a finales de 1938   Zona nacionalista en 1939

políticos fueron unificadas en un solo **partido,** el llamado *movimiento.* Su jefe fue también Franco. El poder político ilimitado del general quedó expresado en el título de *Caudillo.*

El Nuevo Estado Nacional

Los rebeldes no se sublevaron para restaurar el orden republicano, sino para crear un **nuevo estado.** Este *Estado Nacional* formó un primer **gobierno militar-civil** en enero de 1938. Inmediatamente realizó una **política de restauración contrarrevolucionaria:** se devolvió la tierra a los antiguos propietarios, se abolió la legislación anticlerical de la república, como la ley del divorcio, y se decidió una política de estrecha colaboración con la Iglesia Católica.

La **legislación social** del régimen nuevo abolía la lucha de clases, los partidos políticos y los sindicatos obreros. Obreros y patronos se debían integrar en sindicatos verticales, agrupados juntos por ramas de producción. El llamado *Fuero del Trabajo,* documento publicado en 1938, contenía el pensamiento social del régimen.

También la zona nacionalista desató una **violenta represión,** que continuó mucho tiempo después de acabar la guerra, con numerosas condenas a muerte y encarcelamientos masivos.

17. El régimen de Franco
La restauración de la democracia

El régimen autoritario del general Franco

Cuando terminó la guerra, FRANCO continuó siendo **jefe del estado y del gobierno,** *Generalísimo* de los ejércitos y jefe del *movimiento,* el partido único creado en 1937. Esta **concentración de poderes** permitió a Franco imponer su voluntad de gobierno. Las **Cortes,** durante el régimen del general, no fueron elegidas por sufragio universal, sino por un sistema que garantizaba la **lealtad al régimen** de sus miembros. La mayor parte de los diputados o *procuradores* eran nombrados directamente por Franco o formaban parte de las Cortes por ocupar un alto cargo en la administración. Por ello su actividad legislativa obedeció fielmente la **voluntad** del *Caudillo.*

Continuó la política de **estrecha colaboración con la Iglesia Católica,** que aprobó la legitimidad del nuevo estado y recibió, a cambio, muchos privilegios, hasta el punto de producirse una identificación del régimen con el catolicismo, el llamado *nacionalcatolicismo.*

Este **régimen autoritario** mantuvo sus principios ideológicos durante toda su existencia (1939-1975). Pero hubo de adaptarse a la evolución mundial con la creación de un conjunto de **instituciones y leyes** (las *Leyes Fundamentales*), destinadas a ofrecer una imagen exterior más favorable a los países democráticos, sobre todo después de la derrota de Hitler. Por otra parte, la inclusión de España en las corrientes económicas mundiales obligó al régimen a adaptar sus estructuras al desarrollo económico del país. Así, pues, las relaciones internacionales y la evolución económica marcan las **etapas del régimen** de Franco hasta su muerte en 1975.

España durante la Segunda Guerra Mundial

Desde 1939 a 1951 España sufre la **depresión económica** y el **aislamiento internacional.** Unos meses después de terminada la guerra civil, estalló la **Segunda Guerra Mundial.** España se declaró **estado neutral,** pero, naturalmente, **favoreció a las potencias del eje,** Alemania e Italia, que habían apoyado la rebelión militar contra la república española.

Cuando Hitler ocupó Francia, el régimen acentuó su **acercamiento al Eje** al declararse estado *no beligerante.* Franco prometió a Hitler, en una entrevista celebrada en la frontera hispano-francesa en 1940, su entrada en la guerra. El proyecto, sin embargo, fue aplazado* y nunca llegó a realizarse. Pero Franco envió **tropas voluntarias** (la *División Azul*) para luchar junto a las tropas alemanas en el frente de Stalingrado.

aplazado: retardado, pospuesto.

Entrevista del general Franco con Hitler, en Hendaya.

Manifestación contra la ONU en la Plaza de Oriente de Madrid (1947).

El fracaso alemán en Rusia decidió a Franco a volver a la **neutralidad estricta** desde 1943. Aunque continuó exteriormente la política de amistad a Hitler, el gobierno español se acercó a Inglaterra y EE. UU.

Aislamiento exterior

Cuando terminó la guerra, la Unión Soviética consiguió que las potencias aliadas condenaran al régimen español. España no fue aceptada en la ONU y **todos los países retiraron sus embajadores** de territorio español. Se decidió también un **bloqueo* de suministros***. Este aislamiento político y económico no fue completo. El régimen autoritario de SALAZAR en **Portugal** firmó con España el *Pacto Ibérico* de amistad y colaboración. Por su parte, el dictador PERÓN de **Argentina** proporcionó a España trigo y carne, que aliviaron* la miseria y el hambre del país.

Depresión económica

En estas condiciones, España tuvo que abastecerse* con sus propios medios. El régimen decidió una **política de autarquía y de intervención del estado** en la economía. Se protegió la industria nacional y se aplicó un severo **sistema de racionamiento*** de los principales alimentos. Esta situación fue cada vez más insostenible.

Mientras, el régimen tenía que luchar contra grupos de **guerrilleros republicanos** (los *maquis*), que intentaban provocar un levantamiento popular, hasta que fueron exterminados en 1950.

bloqueo: cortar, impedir.
suministros: artículos de alimentación o utensilios proporcionados por otros.
aliviaron: disminuyeron.
abastecerse: conseguir víveres y materias primas.
racionamiento: limitación en la compra de ciertos artículos en épocas de escasez.

El general Franco saluda al general Eisenhower, a su llegada a Madrid en diciembre de 1959.

El reconocimiento internacional del régimen español

A partir de 1950, la separación creciente de la URSS de las otras potencias aliadas y la creación de dos grandes bloques políticos mundiales favorecieron el **acercamiento de EE. UU. a España,** para aprovechar su valor estratégico. Ambos países firmaron un **convenio*** en 1953: España recibía ayuda económica y militar y permitía, a cambio, que EE. UU. instalara en territorio español bases militares aéreas y marítimas.

EE. UU. prometió también apoyar a España en el ámbito* diplomático. España **ingresó en la ONU** en 1955 y, posteriormente, fue incluida en otros organismos internacionales políticos y económicos.

En el año 1953 el régimen de Franco firmó un **acuerdo con el Vaticano** *(Concordato con la Santa Sede).* La Iglesia recibía muchos privilegios legales y económicos. A cambio, permitía la intervención del estado en el nombramiento* de los obispos.

La recuperación económica

Gracias a la ayuda americana, España comenzó una **etapa de desarrollo económico** en agricultura, industria y comercio. Pero este desarrollo, sin control, estuvo acompañado desde 1955 de una **creciente inflación.**

La **oposición política,** silenciada y perseguida en los años de la postguerra, comenzó a organizarse con las primeras huelgas y movimientos estudiantiles.

En 1959 comenzó un *Plan de Estabilización,* que procuró sanear la economía: se limitó el gasto público, la moneda fue devaluada, se frenó la subida de los precios y se favorecieron las inversiones extranjeras. Muchos miles de españoles encontraron trabajo en los países del Mercado Común europeo, creado en 1957. Sus ahorros aumentaron las reservas de divisas* de España.

La política exterior

La **política exterior del régimen** estrechó los lazos* de amistad con los países de Iberoamérica (excepto con Méjico, donde se encontraba el gobierno republicano en el exilio) y con los países árabes. En 1956 España renunció al protectorado de Marruecos.

El desarrollo económico

El saneamiento de la economía permitió comenzar un **programa de reactivación económica** con los llamados *Planes de Desarrollo* (1964-67, 1968-71 y 1972-75) para mejorar la agricultura y desarrollar la industria. No cumplieron todos sus objetivos, pero, al menos, España se convirtió en la **décima potencia industrial del mundo.** También se potenció el **turismo,** que se convirtió en la principal fuente de divisas.

convenio: acuerdo, tratado.
ámbito: terreno, espacio, plano, ambiente.
nombramiento: designación.
divisas: moneda extranjera.
lazo: vínculos, relaciones.

Conflictividad social y oposición política

Este desarrollo económico produjo desde los años 60 un **aumento de la conflictividad social.** Las organizaciones sindicales obreras tradicionales (UGT y CNT) se reagruparon en la clandestinidad y surgieron otras nuevas, como el sindicato comunista *(Comisiones Obreras)* y organizaciones obreras católicas. También aumentó la **oposición política** al régimen: demócrata-cristianos, liberales, socialistas, comunistas y otros grupos políticos trabajaban en la clandestinidad contra el régimen.

El gobierno comenzó unas **tímidas medidas de liberalización** con la aprobación en 1966 de la *Ley Orgánica del Estado.* Como consecuencia de esta ley, en 1969, JUAN CARLOS DE BORBÓN, nieto del último rey de España, Alfonso XIII, fue reconocido oficialmente **rey y sucesor de Franco.**

Pero continuó la **oposición política** y la **conflictividad social,** agravada desde 1970 por la **crisis económica mundial.** Las revueltas estudiantiles, los conflictos obreros, la acción coordinada de las fuerzas políticas de la oposición, los movimientos nacionalistas de Cataluña y el País Vasco y el desarrollo del terrorismo (asesinato del presidente del gobierno CARRERO BLANCO en 1973) endurecieron las **medidas de represión** del régimen, agobiado por los muchos **problemas políticos y sociales** del país.

Estos problemas eran extremadamente graves cuando **murió Franco en 1975.**

La nueva monarquía. Juan Carlos I

Cuando el 22 de noviembre de 1975 las **Cortes proclamaron rey a** JUAN CARLOS I, el **futuro político** de España era muy **incierto.** Las fuerzas del régimen deseaban mantener las anteriores estructuras sociopolíticas, mientras la oposición quería la inmediata disolución de las instituciones del régimen de Franco y la convocatoria de Cortes constituyentes.

El rey decidió un **camino intermedio:** la instauración de la **democracia en fases** sucesivas, **sin romper** totalmente con la **legalidad** existente en el país. Pero la monarquía hubo de enfrentarse también a los **graves problemas económicos** producidos por la crisis mundial de la energía desde 1973.

La restauración de la democracia

La **primera fase de la reforma,** dirigida por el último presidente del gobierno de Franco, ARIAS NAVARRO, no tuvo resultados positivos.

Arias fue sustituido por ADOLFO SUÁREZ en julio de 1976. Bajo su gobierno se elaboró un **proyecto** de *Ley de Reforma Política,* que fue aceptado por el pueblo español. Así se inició el **proceso de democratización:** amnistía general para los presos políticos, reconocimiento del derecho de huelga, legalización de los partidos políticos y organizaciones sindicales obreras.

El 15 de junio de 1977 tuvieron lugar las **primeras elecciones generales** libres desde 1936: el partido del presidente Suárez, *Unión de Centro Democrático* (UCD), coalición de tendencias políticas de centro-derecha (demócrata-cristianos, liberales y social-demócratas), ganó las elecciones, con un 45 por 100 de los votos. El *Partido Socialista Obrero Español* consiguió casi el 30 por 100. El resto de los votos fueron en su mayoría para el *Partido Comunista de España* y para *Alianza Popular,* coalición de partidos de derecha.

Discurso de Juan Carlos I ante las Cortes el día de su proclamación como Rey de España (22 de noviembre de 1975).

Estas **Cortes,** elegidas por sufragio universal, elaboraron una **nueva Constitución,** que fue aprobada en 1978.

La **nueva democracia española** se consolida lentamente, enfrentada a **múltiples y graves problemas:** la crisis económica y el paro, el terrorismo de extrema izquierda y derecha, el desarrollo de un nuevo modelo de estado descentralizado en el que se reconoce la autonomía de las distintas regiones españolas... La decisiva influencia del rey, la voluntad de la inmensa mayoría de los españoles de vivir en un sistema democrático y la alineación de España entre los países del mundo libre permiten esperar un futuro prometedor.

La cultura española en la segunda mitad del siglo XX

Las **consecuencias de la guerra civil** fueron muy **negativas** para la cultura española. Algunos de sus principales representantes murieron durante la guerra, como MIGUEL DE UNAMUNO o GARCÍA LORCA; muchos marcharon al exilio, como JUAN RAMÓN JIMÉNEZ. Poco a poco comenzó la **recuperación.** Continuaron los grandes **poetas de la Generación del 27,** como ALEIXANDRE, GERARDO DIEGO, DÁMASO ALONSO, y aparecieron otros **nuevos:** LEOPOLDO PANERO, BLAS DE OTERO, GABRIEL CELAYA. Grandes **dramaturgos** de la postguerra son BUERO VALLEJO y el catalán JAIME SALOM.

La **nueva novela española** cuenta con autores tan interesantes como Camilo José Cela, Carmen Laforet, Miguel Delibes, José María Gironella, Ana María Matute y, sobre todo, Ramón J. Sénder.

En las **artes plásticas** sobresale la **obra escultórica** de Victorio Macho, José María Subirachs, Pablo Gargallo o Eduardo Chillida. En **pintura** continúa su fecunda y genial obra Pablo Picasso, hasta su muerte en 1973. Hay que citar también, entre otros, a los pintores Joan Miró, Salvador Dalí, Antoni Tàpies, Benjamín Palencia y Nicanor Zabaleta.

GLOSARIO

(Los números se refieren a las páginas)